Inhalt

Vorwort: Für wen dieses Buch geschrieben ist 6

Teil 1: Welches Präsentations-Medium wollen Sie einsetzen? 9
Nah- und Fern-Medien 10
Tafel-Medien 12
Projektions-Medien 13
Monitor-Medien 14
Welches Präsentations-Medium ist optimal? 15

Teil 2: Ausstattung – Was Sie für Ihr »Grafik-Studio« benötigen 17
Ihre Büroausstattung 17
Welche Software brauchen Sie? 18
Vektor oder Pixel? 19
Was sind Präsentations- und Business-Programme? 21
Andere Programme für die Erstellung von Präsentations-Materialien 22
Programme für spezielle Zwecke 23
Was Sie für Ihr Grafikstudio noch benötigen 24

Teil 3: Was Sie über Grafikprogramme wissen müssen 27
Die drei Grund-Ebenen: System, Programm und Datei 27
Die Vorlagen-Ebene 29
Die Ebene der automatischen Funktionen 31

Teil 4: Wie Sie in Ihrem Grafikstudio arbeiten 33
Texteingabe und Text-Formatierung 33
Diagramme automatisch erstellen 34
Objekte erstellen 35
Objekte positionieren 35
Autoformen 36
Objekte einfärben 37
Einfügen von Dateien 38
Digitale Bilder und Scans bearbeiten 39
Animation 39
Weitere Herstellungstechniken 40

Teil 5: Probieren geht über studieren 45
Schriftart und Schriftgröße 46
Kontraste 47
Farben und Farbtabellen 48
Präsentationen in schwarz-weiß als Hand-outs ausdrucken 50
Testfolien für die Justierung des Projektors 51

Heller oder dunkler Hintergrund? ... 52
Unerwünschtes Nebenlicht bei Overhead-Präsentationen ... 53
Formate ... 54

Teil 6: Bevor Sie beginnen – Was Sie zuerst entscheiden müssen! 57
Hoch- oder Querformat? ... 57
Welches Ausgabegerät? ... 59
Vorgaben beim Erstellungsauftrag ... 59
Farbiger Hintergrund ... 60
Corporate Identity ... 60

Teil 7: Warum visualisieren? Wie visualisieren? Was visualisieren? ... 63
Ziele einer Präsentation ... 63
Wie lassen sich Informationen visualisieren? ... 66
Zielgruppenorientierung ... 69
Klar und einfach ... 70
Komplexe Informationen aufteilen ... 70
Was visualisieren? ... 71

Teil 8: Texte als Textgrafiken gestalten ... 75
Verschiedene Typen von Text-Diagrammen ... 76
Organigramme und freie Textgestaltung ... 78

Teil 9: Zahlen als Bilder ... 81
Tabellen ... 81
Balken- und Linien-Diagramme ... 82
Vergleiche mehrerer Wertreihen ... 84

Teil 10: Anteile an einem Gesamt – Kreise und Stapel ... 89
Kreis- oder Torten-Diagramme ... 89
Vergleiche von Strukturen ... 91

Teil 11: Zweidimensional oder »3-D«? ... 95
Perspektivische Säulen und Balken ... 95
Linien werden zu Bändern und Kreise zu Torten ... 97

Teil 12: Rahmen, Pfeile und Symbole zur Orientierung und Motivation ... 99
Corporate Identity bei Präsentationen ... 99
Grafische Gestaltungselemente als Bedeutungsträger ... 101

Uwe Scheler

Vortragsfolien und Präsentationsmaterialien

- PowerPoint
- Beamer
- Overhead
- Flip-Chart

New Business Line

REDLINE WIRTSCHAFT
bei ueberreuter

Scheler, Uwe
VORTRAGSFOLIEN UND PRÄSENTATIONSMATERIALIEN
PowerPoint – Beamer – Overhead – Flip-Chart
2., aktualisierte und erweiterte Auflage
Frankfurt/Wien: Redline Wirtschaft bei Ueberreuter, 2003
ISBN 3-8323-1028-2

Unsere Web-Adressen:

http://www.redline-wirtschaft.de
http://www.redline-wirtschaft.at

Grafiken Nr. 2, 18, 19 und 20 wurden entnommen aus dem Buch von Emil Hierhold: »Sicher präsentieren, wirksam vortragen« erschienen bei Redline Wirtschaft bei Ueberreuter, Wien, Frankfurt 1998
Alle anderen Grafiken und Fotos: Uwe Scheler, IVP; www.uwe-scheler.de

»Windows«, »Word«, PowerPoint«, »Harvard Graphics« und andere Begriffe sind in die Alltagssprache eingegangen. Der hinter diesen und vielen anderen Begriffen stehende Gebrauchsmusterschutz wird ausdrücklich anerkannt, auch wenn dies im Text nicht gesondert erwähnt wird.

1 2 3 / 2005 2004 2003

Gestaltung: satzstudio@publisher.cc

Druck: Himmer, Augsburg
Printed in Germany

Teil 13: Wichtiges über Farben und Farbgestaltungen 107
Farbsysteme 107
Bilder 109
Vier unterschiedliche Farbwirkungen 110
Die Kontrastfunktionen der Farben 111
Die funktionale Bedeutung der Farben 113
Farben in ihrer konventionellen Bedeutung 115
Das emotionale Farberleben 116

Teil 14: Auch Hand-outs zielgruppengerecht aufbereiten! 119

Teil 15: Check-up und Korrektur der Visualisierungen........... 123

Literaturhinweise 128

Vielleicht kennen Sie folgende Szene: Der Hauptabteilungsleiter sagt zum Abteilungsleiter: »In der nächsten Woche haben wir eine Delegation aus China im Hause zu Gast. Halten Sie doch mal einen kleinen Vortrag über unser Musterprojekt. Zeigen Sie auch ein paar schöne Folien, die unsere Leistungsfähigkeit herausstellen.«

Nachdem der Abteilungsleiter ein paar Zahlen und Skizzen zusammengestellt hat, sagt er zu seiner Sekretärin: »Erstellen Sie mir hiervon mal für meinen Vortrag ein paar schöne Folien. Mit dem neuen Tintenstrahldrucker können Sie die Schriften und Diagramme auch farbig machen.«

Die Sekretärin gibt sich redlich Mühe. Mit einem Textverarbeitungsprogramm schreibt sie die Textfolien. Mit einem Kalkulationsprogramm erstellt sie einige Diagramme und mit einem Malprogramm zeichnet sie auch Skizzen. Bei der Präsentation vor den Gästen aus China stellte sich allerdings heraus, dass die Folien nicht sonderlich gelungen waren. Die Gäste hatten bei der Konkurrenz schon Besseres gesehen. Was besonders negativ auffiel: Auf jeder Folie war viel zu viel an Informationen untergebracht; die Schrift war so klein, dass sie kaum lesbar war; auch Linien und Striche war so dünn, dass sie kaum zu erkennen waren und die Farben, die zur Differenzierung einzelner Diagramm-Segmente eingesetzt wurden, waren kaum zu unterscheiden.

Abb. 1: »Sehr gerne! Aber wie?«

Der Computer macht's möglich, dass jedermann mit Diagrammen, Farben und Schriften umgehen kann wie ein Profi. Unsere Sekretärin und unser Vortragender haben keine Ausbildung als Grafiker. Die Kenntnisse zur Bedienung von Computerprogrammen genügen allein noch nicht, um Präsentations-Materialien zu erstellen. Dazu benötigen Sie noch eine Reihe von Informationen, die wir Ihnen hier in diesem Buch vermitteln wollen.

Sie brauchen jedoch keine Grafikerausbildung, um gute und erfolgreiche Präsentations-Materialien zu erstellen. Sie benötigen aber einige Kenntnisse über die Grundlagen der visuellen Kommunikation. Sachverhalte in Wort und Schrift vorzutragen, haben wir alle gelernt: der Vorgesetzte, der Vortragende, der Seminarleiter, der Präsentator, der Lehrer und alle anderen. Anders sieht es bei der Visualisierung von Aussagen aus. Was früher nur per Handzeichnung möglich war, lässt sich heute in vorzüglicher Qualität per Computer erstellen, wenn man weiß wie.

Wenn Sie audiovisuell informieren, vortragen oder unterrichten müssen, finden Sie in diesem Buch viele praxisorientierte Hinweise. Wenn Sie mit dem PC und einigen Programmen umgehen können, sich mit einem Textverarbeitungsprogramm gut auskennen und auch schon einmal ein Grafikprogramm eingesetzt haben, besitzen Sie die besten Voraussetzungen, um den eigenen audiovisuellen Vortrag zu gestalten. Die vielen Tipps in diesem Buch sollen Ihnen helfen, Ihren Umgang mit diesen Programmen zu optimieren.

Wenn Sie sich bisher gescheut haben, Präsentationsmedien einzusetzen, dann wollen wir Sie hiermit ermutigen, es doch einmal zu versuchen. Die Gestaltung einer visuellen Aussage ist ein kreativer Prozess, der auch ganz spontan verborgene Fähigkeiten freisetzen kann. Manche Menschen haben Hemmungen zu zeichnen und zu gestalten, aber wenn sie ihre Hemmungen einmal überwunden haben, haben sie Spaß an dem kreativen Gestaltungsprozess.

Wann immer Sie mit anderen Menschen kommunizieren, können Sie Visualisierungen einsetzen, bei Verkaufsgesprächen genauso wie bei betrieblichen Präsentationen, Kongressvorträgen, in der Aus- und Fortbildung, bei Arbeitssitzungen und Meetings als auch in der Schule und bei Seminaren.

Dieses Buch bietet allen Hilfe, die direkt oder indirekt mit der Erstellung visueller Materialien beschäftigt sind. Das sind zum einen die Vortragenden oder Unterrichtenden selbst, zum anderen diejenigen, die für andere solche Materialien erstellen. In unserem obigen Beispiel ist es die Sekretärin. Gerade von ihr wird vielfach diese Leistung erwartet, weil sie ja täglich mit dem Computer arbeitet.

Abb. 2: »Der Traum des Präsentators.« (Darstellung aus dem Buch von Hierhold: Sicher präsentieren – wirksam vortragen.)

Präsentations-Materialien lassen sich selbstverständlich auch durch Handzeichnungen oder klassische Grafikmethoden erstellen, auch darauf werden wir später noch kurz eingehen. Aber der eigentliche Schwerpunkt dieses Buches ist die Herstellung von visuellen Materialien mit dem Computer und entsprechenden Präsentations-Programmen. Hinweise, Erklärungen und Erläuterungen zu Computerprogrammen sind in einer einfachen, allgemein verständlichen Sprache gehalten.

Dieses Buch setzt beim Leser wie gesagt keine Grafiker- oder Schriftsetzerkenntnisse voraus. Es verzichtet auch auf alles theoretische Wissen, das man zur praktischen Lösung eines Problems nicht benötigt. Aber für Interessierte gibt es von Zeit zu Zeit Hinweise auf weiterführende Literatur

Die Empfehlungen, die Sie in diesem Buch erhalten, sind in der Praxis erprobt. Der Autor hat als Professor an einer Fachhochschule in alltäglichen Lehrsituationen überprüft, welche Formen der Visualisierung von Informationen wirksam sind. Er hat ferner als Trainer Präsentationsseminare und Seminare zur visuellen Gestaltung von Informationen durchgeführt. Mit diesem Buch will er Ihnen zeigen, wie Sie Ihren Vortrag mit Hilfe vieler professioneller Visualisierungen noch wirksamer machen können.

Viel Erfolg!

Bergisch Gladbach im Mai 2003 — Uwe Scheler

www.uwe-scheler.de
u.scheler@onlinehome.de

Teil 1
Welches Präsentations-Medium wollen Sie einsetzen?

Bei Vorträgen, Präsentationen und Seminaren können Sie so genannte Präsentationsmedien einsetzen. Sie präsentieren audio-visuell.

➜ **Audio-visuell präsentieren heißt: Ihr verbaler Vortrag wird visuell unterstützt, kontrastiert oder ergänzt.**

Oftmals lassen sich Sachverhalte sehr schwer oder gar nicht verbal ausdrücken. Die Visualisierung ist dann die adäquate Form der Darstellung. Visualisierungen haben oftmals einen hohen Informationswert. Dies gilt aber nur für fehlerfreie und gute Visualisierungen. Nur sie sind geeignet, die Aufmerksamkeit Ihres Publikums zu erregen und aufrechtzuerhalten. Schlechte Grafiken hat Ihr Publikum schon genug gesehen. Kein Mensch wird heute vor Begeisterung vom Stuhl fallen, nur weil Sie bei Ihrer Präsentation mit Notebook und Datenprojektor auftreten. Der Einsatz eines High-Tech-Gerätes sichert Ihnen nicht automatisch die Begeisterung Ihres Publikums. Grundsätzlich können Sie auch mit spontanen Tafel-Skizzen erfolgreich vortragen. Für den Erfolg Ihrer Präsentation sind zwei Dinge wichtig:

➜ **Das Präsentations-Medium – also das Gerät – muss mängelfrei funktionieren und Ihre visuellen Aussagen müssen wahrnehmungsgerecht gestaltet sein.**

Bevor Sie mit der Gestaltung der Präsentations-Materialien beginnen können, müssen Sie sich für ein Präsentations-Medium entscheiden. Die gebräuchlichen Medien für Präsentationen sind:

1. Nahmedien, das sind in der Regel Printmedien, wie Hand-outs bzw. Seminarunterlagen
2. Fernmedien, wie
   - Tafelmedien
   - Projektionsmedien
   - Monitormedien

Nah- und Fernmedien

Nahmedien sind all die Darstellungen, die mit einem normalen Leseabstand von 30 bis 40 cm betrachtet werden. Dies sind in der Regel Seminarunterlagen, Prospekte, Datentabellen, Lehrbücher oder Firmendarstellungen, also gedruckte Medien. Alles, was Sie Ihrem Publikum vor, während oder nach Ihrer Präsentation aushändigen, wird »Hand-out« genannt. Alle anderen Medien sind, sobald der Betrachtungsabstand mehr als einen Meter beträgt, Fernmedien. Bei Präsentationen oder Vorträgen sitzen die Zuschauer sogar drei bis acht Meter von der Leinwand, dem Monitor oder der Tafel entfernt. In seltenen Fällen (bei Kongressen oder betrieblichen Großveranstaltungen) kann der Betrachtungsabstand auch bis zu 50 Metern betragen. Wenn Sie mit einer bis maximal drei Personen an einem Tisch sitzen, können Sie auch ein Tisch-Flip-Chart oder den Monitor Ihres Notebooks als Präsentations-Medium einsetzen. Wenn Sie vor Ihrem Monitor sitzen und Präsentationsmaterialien vorbereiten, achten Sie unbedingt darauf, die Entfernung, aus der die Unterlagen betrachtet werden, zu berücksichtigen.

Hand-outs sind Nah-Medien, weil sie, wie bereits gesagt, mit einem kurzen Wahrnehmungsabstand und mit selbst gesteuerter Aufmerksamkeit »gelesen« werden. Bei vielen Seminaren und Präsentationen ist es vorteilhaft, neben der verbalen und visuellen Präsentation von Informationen den Teilnehmern auch etwas »in die Hand« zu geben. Daher wird in einem eigenen Kapitel auf die Gestaltung von Hand-outs eingegangen. Hand-outs dienen dazu, die audiovisuelle Präsentation zu ergänzen und zu unterstützen. Sie bieten Details, Hintergrundinformationen und offerieren dem Zuhörer des Vortrags einen Raum für eigene Notizen.

Ein weiterer wichtiger Punkt bei Nahmedien ist, dass sie mit selbst gesteuerter Aufmerksamkeit wahrgenommen werden können. Der Wahrnehmende vermag selbst die Geschwindigkeit und die Reihenfolge, mit der er die Unterlagen betrachtet, zu bestimmen.

Bei einer Präsentation durch Fernmedien wird die verbale Aussage des Vortragenden durch die Visualisierung ergänzt oder unterstützt. Die Aufmerksamkeit des Publikums wird von zwei Präsentationsformen zugleich, dem gesprochenen Wort und dem gezeigten Bild, in Anspruch genommen. Die visuelle

Gestaltung muss daher einfach und plakativ sein. Die Präsentation mit einem Fernmedium darf die Auffassungsfähigkeit und die Verarbeitungsgeschwindigkeit des Publikums niemals überfordern. Daher ist es wichtig:

Visuelle Gestaltungen für Fernmedien müssen einfach und überschaubar strukturiert sein. Dies ist eine so genannte »plakative« Gestaltung. Hier gilt der Grundsatz:

➜ Weniger ist mehr!

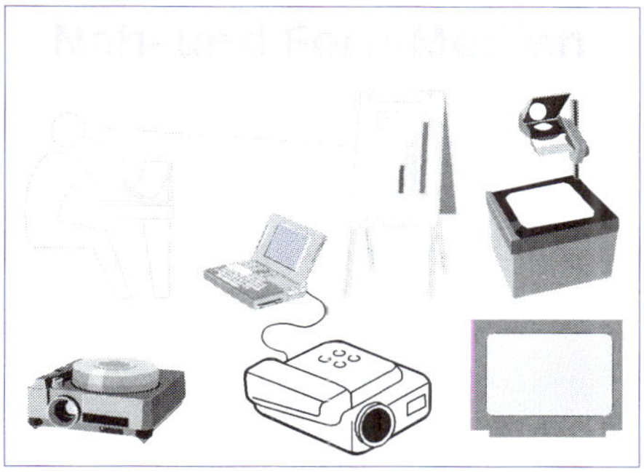

Abb. 3: Unterscheiden Sie Nah- und Fernmedien nach dem Wahrnehmungsabstand zur Bilddarstellung! Dies ist für die Gestaltung Ihrer Präsentations-Materialen wichtig.

Komplexe Informationen müssen immer auf mehrere Darstellungen, also auf mehrere Folien oder Dias aufgeteilt werden.

Deswegen kann man aus Druckvorlagen nur selten gute Folien erstellen und umgekehrt aus Folienabzüge keine guten Hand-outs.

Wenn Sie Ihre visuelle Aussage mit dem einen oder anderen Fernmedium präsentieren, müssen Sie schon bei der Gestaltung berücksichtigen, dass Projektionsmedien stark von den Lichtbedingungen oder besser gesagt von dem Streu- und Nebenlicht des Präsentationsraumes abhängig sind. Je stärker die Präsentationsfläche durch Sonnen- oder Lampenlicht erhellt wird, desto kontrast- und farbärmer wird die Darstellung. Bei Monitor-Präsentationen müssen Sie insbesondere die relativ kleine Präsentationsfläche beachten und störende Lichtreflexionen auf der Glasoberfläche des Bildschirms vermeiden. Datenprojektoren sind je nach Lichtstärke des Geräts recht unterschiedlich. Die visuelle Gestaltung sollte hier mit starken Helligkeits- und Farbkontrasten arbeiten. Welche Regeln Sie bei der Gestaltung der Materialien für Nah- und Fernmedien noch zu beachten haben, wird an späterer Stelle erörtert.

Tafel-Medien

Tafel-Medien sind die ältesten Präsentationsmedien überhaupt. Gebräuchlich sind Whiteboard, Blackboard, die gute alte Schultafel, Flip-Chart und Pinnwand. Diese Medien eignen sich für einen spontanen, großflächigen Anschrieb, für das Anheften vorbereiteter Poster oder für das Präsentieren von Kommunikations-Karten. Auf dem Flip-Chart-Block können Sie die Visualisierungen für Ihren Vortrag vorher erstellen und während der Präsentation dann Seite für Seite aufblättern. Ein computergestaltetes Poster lässt sich für das Tisch-Flip-Chart im Format DIN A4 oder DIN A3 oder für das große Flip-Chart im Format DIN A2, DIN A1 oder DIN A0 einsetzen. Die Abbildungen 5, 6 und 8 demonstrieren einen solchen Einsatz.

Auf ein Medium soll hier ganz besonders hingewiesen werden: das Tisch-Flip-Chart. Besprechungen und betriebliche Präsentationen finden oftmals in einem kleinen Kreis von drei bis acht Teilnehmern statt. Bei drei Teilnehmern ist ein Tisch-Flip-Chart in der Größe DIN A4 vollkommen ausreichend, ein Flip-Chart in der Größe DIN A3 reicht für eine Teilnehmergruppe von acht Personen. Sie können die Poster für dieses Flip-Chart an Ihrem Computer erstellen und ausdrucken. Beachten Sie dabei aber unbedingt die Gestaltungsregeln für ein Fernmedium, auch wenn es sich nur um ein DIN-A3-Format handelt.

Abb. 4: Das Tisch-Flip-Chart für Verkaufsgespräche oder Präsentationen im kleinen Kreis.

Abb. 5: Der Vortrag mit Flip-Chart und fertigen Postern.

Abb. 6: Das Flip-Chart für den spontanen Anschrieb und die Aktivierung der Teilnehmer.

Projektions-Medien

Projektionsmedien sind solche, bei denen mit Licht und optischen Linsen ein Bild gegen eine Projektionswand geworfen wird. Der Daten-Projektor, auch Video-Projektor oder Beamer genannt, und der Overhead-Projektor (OHP) werden häufig bei Präsentationen eingesetzt. Aber auch Diaprojektoren finden bei manchen Vorträgen Anwendung.

Die Wirkung des Projektionsbildes ist bei allen Projektoren ähnlich. Die Unterschiede sind nur graduell. So können Overhead-Projektoren auch bei Tageslicht eingesetzt werden. Es gibt aber auch sehr starke Dia-Projektoren, die eine Hellraum-Projektion möglich machen. Und auch Daten-Projektoren werden immer lichtstärker und stehen den Overhead-Projektoren kaum noch nach.

Die Unterschiede im Einsatz bei Präsentationen sind von der Bildwirkung nur gering. Relevanter sind die Unterschiede der Einsatzmöglichkeiten. Für einen Dia-Projektor brauchen Sie Dias, für einen Overhead-Projektor Folien und für einen Datenprojektor ein Notebook oder andere Datenquellen, wie Videorekorder, DVD-Player, Fernsehempfänger oder einen PC mit Bildprogrammen, Internet-Zugang, Tonquellen und vielem anderen. Sie können auch über eine Kamera ein Objekt direkt präsentieren. Diese und andere Gründe sind dafür verantwortlich, dass der Datenprojektor bei Präsentationen immer mehr Verbreitung findet.

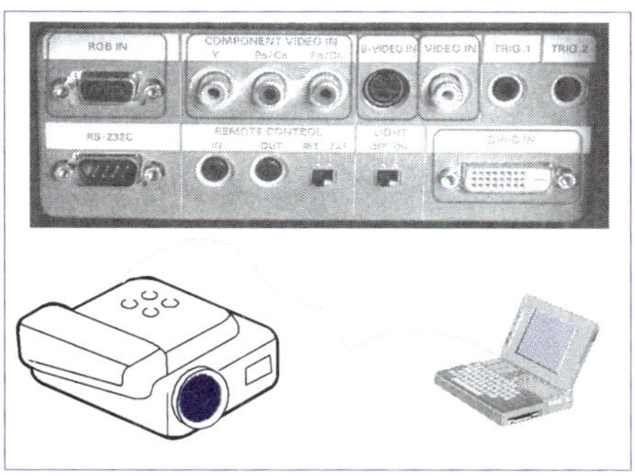

Abb. 7: Der Video-Projektor, auch Daten-Projektor oder Beamer genannt, lässt sich mit vielen Datenarten füttern. Dies macht ihn zu einem beliebten Präsentations-Medium.

Abb. 8: Ganz gleich, welchen Projektor Sie einsetzten: Sorgen Sie immer für eine verzerrungsfreie Projektion.

Ganz gleich welche Projektoren Sie bei Ihrer Präsentation einsetzen, es gibt drei Grundregeln, die Sie als Präsentator immer beachten sollten:

1. Freie Sicht für alle Zuschauer auf die Projektionswand.

   Bevor Sie mit Ihrer Präsentation beginnen, stellen Sie sicher, dass Sie nicht selbst im Projektionslicht Ihres Gerätes stehen. Stellen Sie sich als Vortragender neben die Bildwand auf, damit Sie auch nicht das Blickfeld einiger Ihrer Zuschauer beeinträchtigen.

2. Abgeschwächtes Umgebungslicht, das heißt gedämpftes Raumlicht oder Tageslicht.

   Overhead-Projektoren heißen auch »Tageslicht-Projektoren«. Sonnen- oder Lampen-Licht sollte allerdings nicht direkt auf die Bildwand fallen. Sorgen Sie bei allen Projektionsarten, auch bei Monitor-Präsentationen, für ein abgeschwächtes Licht in dem Raum, in dem Sie Ihre Präsentation durchführen. Wenn die Lichtverhältnisse, unter denen Sie präsentieren müssen, ungünstig sind und Sie diese nicht ändern können, dann berücksichtigen Sie dies bei der Gestaltung Ihrer Folien. Gestalten Sie Ihre Folien dann mit kräftigen Helligkeits- und Farbkontrasten. Verzichten Sie auf feine Abstufungen. Die lassen sich unter ungünstigen Lichtverhältnissen ohnehin nicht unterscheiden.

3. Verzerrungsfreie Projektion, das heißt Projektion auf eine geneigte Bildwand.

   Um allen Zuschauern den freien Blick auf die Projektionsfläche zu ermöglichen, muss diese in einer gewissen Höhe angebracht werden. Wenn der Projektor tiefer steht und das Projektionslicht schräg auf die Bildwand trifft, ergibt dies eine verzerrte Darstellung. Die Neigung der Projektionswand löst dieses Problem. Was für die Overhead-Projektion gilt, gilt auch für die Datenprojektion.

Monitor-Medien

Bei dem Einsatz eines Monitors zu Präsentationszwecken müssen Sie beachten, ob sie ihn im Sinne eines Nah-Mediums oder eines Fern-Mediums einsetzen. Zwei bis drei Personen können den Bildschirm Ihres Notebooks noch gut erkennen. Für 10 bis 25 Personen ist eine Präsentation über den Bildschirm eines Fernsehers oder über einen Großmonitor notwendig. Egal welche Sie für Ihre Darstellung verwenden, finden Sie vorher raus, wie es um die Erkennbarkeit auf diesem Ausgabemedium bestellt ist.

Großmonitore haben sich bei Präsentationen nicht sonderlich durchgesetzt. Man findet Sie eher bei Produktpräsentationen oder an Messeständen. Wie die Entwicklung zukünftig weitergehen wird, ist abzuwarten. Für Präsentationen technisch gut geeignet sind große Flachbildschirme, so genannte Plasma-Displays. Diese gibt es schon in Bildschirm-Diagonalen von über einem Meter. In Zukunft wird es sicherlich noch größere und preiswertere Ausführungen geben.

Welches Präsentations-Medium ist optimal?

Wenn Sie einen Vortrag halten, bestimmen Sie nach Möglichkeit selbst Ihr Präsentationsmedium. Überlassen Sie es nicht den zufälligen Gegebenheiten, wie Sie Ihre Visualisierung ausführen. Mit einem Overhead-Projektor z. B. können Sie viele Visualisierungsaufgaben abdecken. Aber vielleicht mögen Sie dieses Medium nicht, weil Sie schon zu viele und zu schlechte OHP-Vorträge erlebt haben. Jedoch ist an dieser negativen Wirkung nicht das Präsentationsmedium, sondern die schlechte oder fehlerhafte Gestaltung der Folien schuld. Overhead-Projektoren sind fast überall verfügbar. Sie müssen lediglich nach beendeter Gestaltung Ihrer Grafiken diese auf transparenten Folien ausdrucken. Achten Sie dabei darauf, dass Sie die für Ihren Laser- oder Tintenstrahldrucker jeweils geeignete Folie verwenden.

Eine Präsentation mit Notebook und Datenprojektor setzt voraus, dass Sie über entsprechende Geräte verfügen, mit denen Sie vertraut sind. Der Vorteil gegenüber dem OHP ist, dass Sie vielfältige Datenquellen verwenden können, die Folien nicht ausdrucken müssen und mit Animationseffekten arbeiten können. Wenn Sie lediglich zehn Text-Folien präsentieren wollen, kommt der eigentliche Vorteil des Datenprojektors nicht zur Geltung. Gehen Sie davon aus, dass auch die sehr lichtstarken Datenprojektoren einem hellen Overhead-Projektor unterlegen sind. Wollen Sie Bilder in vorzüglicher Farbqualität präsentieren, werden Sie zum Dia-Projektor greifen.

Mischen Sie aber den Einsatz der Präsentationsmedien nicht kurzfristig und willkürlich. Drei Dias, fünf Folien, ein Video-Auszug über einen Monitor und eine PowerPoint-Präsentation über einen Beamer: Das ist keine Multimedia-Präsentation! Übertragen Sie Ihre visuellen Materialien in eine Form für den Einsatz mit *einem* Medium. Dias und Folien lassen sich digitalisieren und in die PowerPoint-Präsentation einbauen. Die Video-Quelle können Sie ohnehin an Ihren Beamer anschließen.

Vergessen Sie auch nicht, dass auch spontaner Tafel- oder Flip-Chart-Anschrieb eine geeignete Form der Visualisierung sein kann. Ein Anschrieb oder eine Zeichnung per Hand ist auch im Zeitalter von High-Tech nicht out. Allerdings darf es kein primitives Gekrakel sein. Eine lesbare Schrift und eine mit breitem Strich gelungene Zeichnung ist die Voraussetzung für Ihren Erfolg.

Und zum Schluss noch die Frage: Wie viele Visualisierungen können Sie in einer Präsentation zeigen? Welches Medium Sie auch einsetzen: Es entsteht immer die Frage, wie viele Darstellungen darf der Vortragende dem Publikum zumuten? Eine allgemeine Regel lässt sich nicht aufstellen, weil die Menge der für ein Publikum zumutbaren Visualisierungen von der Vortragsdauer und der Informationsdichte der einzelnen Darstellungen abhängt. Ein Vortrag von zehn Minuten verträgt vielleicht auch zehn Folien, wenn sie nicht allzu komplex sind. Aber bei einem Vortrag von 45 Minuten werden Sie nicht 45 Folien zeigen können, ohne den negativen Eindruck einer »Folienschlacht« zu hinterlassen. 20 bis 30 Folien mit geringer oder mittlerer Informationsdichte sind bei einem Vortrag von 45 Minuten meist optimal. Wenn Sie also einen längeren Vortrag halten wollen oder müssen, beherzigen Sie folgende Grundregel:

→ **Sie dürfen über alles reden – aber nicht länger als 45 Minuten!**

Teil 2
Ausstattung: Was Sie für Ihr »Grafik-Studio« benötigen

Um professionelle Präsentations-Materialien zu erstellen, benötigen Sie kein Grafikstudio. Die Geräte einer normalen Büroausstattung sind vollkommen ausreichend: Computer mit der entsprechenden Software, Drucker, Kopierer und Scanner, eventuell auch Papierschere und Kleber.

Ihre Büroausstattung

Der Computer macht's möglich: Heute kann jeder, ohne Grafiker zu sein, ganz vorzügliche Grafiken erstellen, präsentieren oder ausdrucken. Der PC, den Sie benutzen, ist zur Erstellung von Präsentations-Grafiken in der Regel vollkommen ausreichend. Wenn Ihr PC schon etwas älter ist, aber die Textverarbeitung darauf einwandfrei funktioniert, dann genügt dies für die Erstellung von Präsentations-Grafiken. Wichtig ist lediglich, dass das Gerät, das Betriebssystem und die Software zusammenpassen.

Abb. 9: Für Ihr »Grafik-Studio« benötigen Sie eine normale Büroausstattung mit Computer, Drucker und Kopierer.

Präsentations-Grafiken sind so genannte Vektorgrafiken, das heißt, sie bestehen hauptsächlich aus geometrischen Elementen und die Größe der Dateien ist gering. Anders ist es, wenn Sie in Ihre Präsentation auch Fotos und andere Pixelgrafiken einbringen wollen. Diese haben einen sehr viel höheren Speicherbedarf und stellen eine höhere Leistungsanforderung an Ihren PC. Wenn Sie in Ihre Präsentation qualitativ hochwertige Fotos einbinden wollen, müssen Sie einen Computer der höheren Leistungsklasse verwenden, also mit einer angemessenen Prozessorleistung, einem großen Arbeitsspeicher und einer großen Festplatte. Konkrete Angaben zu

Größe und Umfang dieser PC-Elemente können in diesem Buch nicht gemacht werden, da die Entwicklung von Soft- und Hardware sich ständig weiterentwickelt und das heute Aktuelle morgen schon veraltet sein kann. Es muss nicht immer das neueste Computermodell und das neueste Update der Software sein, um vorzügliche Ergebnisse zu erzielen.

Bedeutsam kann auch die Frage sein, mit welchen Peripheriegeräten Ihr PC kommunizieren kann. Ein CD-ROM-Laufwerk ist heute unverzichtbar. Wenn Sie komplexe Datenmengen austauschen oder verschicken wollen, benötigen Sie auch einen CD-Brenner. Achten Sie auch darauf, über welche Schnittstellen Ihr PC mit dem Scanner, Drucker oder der Digitalkamera verbunden ist.

Wenn Sie beabsichtigen, Ihre Präsentationen mit einem Datenprojektor durchzuführen, dann benötigen Sie ein Notebook. Selbstverständlich können Sie Ihre Präsentation auch auf diesem Notebook erstellen.

Welche Software brauchen Sie?

Für die Erstellung Ihrer Präsentation benötigen Sie die angemessene Software. Aber welche Software ist nun angemessen? Sie können auch mit einem Textverarbeitungsprogramm Diagramme erstellen oder Zeichnungen anfertigen. Ein Textverarbeitungsprogramm ist aber für diesen Zweck ein nicht gerade gut geeignetes Programm. Einerseits ist es für diesen Zweck recht schwierig zu bedienen, andererseits sind die Gestaltungsmöglichkeiten stark eingeschränkt. Sie sparen viel Mühe und viel Zeit, wenn Sie das für Ihre Zwecke angemessene Programm verwenden.

Von der Vielzahl der Präsentations-Programme, die noch vor einiger Zeit auf dem Markt waren, sind nur wenige übrig geblieben. Als Standard können PowerPoint und Harvard Graphics gelten. Hinzu kommen noch ein paar Programme, die Sie für Illustrationen oder andere spezielle Aufgaben verwenden können. Die wichtigsten von ihnen werden etwas später kurz vorgestellt.

Wie lässt sich in Erfahrung bringen, welches Grafik-Programm für die eigenen Zwecke geeignet ist? Dabei können Ihnen Rezensionen in Fachzeitschriften helfen, Demo-Versionen, die Sie einige Zeit auf Ihrem PC ausprobieren können, sowie Prospekte der Softwarehändler und -hersteller. Empfehlenswert ist eine Internet-Recherche bei folgenden Firmen, wo Sie Beschreibung von Grafik-Software bekommen: www.softline.de, www.sienersoft.de, www.steckenborn.com, www.basis1.com. Auch Internet-Buchhandlungen führen Software-Pakete, z. B. www.amazon.de. Sie finden sie unter unterschiedlichen Kategorien, wie »Präsentationen« und »Business-Grafik« oder »Grafik« ganz allgemein, »Multimedia« und »Desktop Publishing«.

Textverarbeitungsprogramme dienen der Erfassung und Gestaltung von Texten. Bei Grafikprogrammen sind Anwendungen und Zielsetzungen sehr viel komplexer. Sie können damit durch automatische Funktionen Diagramme erstellen, Texte plakativ gestalten, Zeichnungen schaffen, Animationen kreieren und vieles mehr. Sie können das Ergebnis ins Internet stellen, auf Folie oder Papier ausdrucken oder direkt über einen Datenprojektor oder einen Monitor präsentieren.

Die verschiedenen Grafikprogramme sind für diese verschiedenen Aufgaben mehr oder weniger unterschiedlich gut geeignet. Kein Programm erfüllt alle Funktionen gleich gut. Welches das beste Programm für Sie ist, müssen Sie durch den Vergleich der Leistungsmerkmale und durch eigene Erfahrungen im Umgang mit dem Programm selbst herausfinden.

Das größte Problem bei diesen Programmen ist, dass die Dateiformate selten kompatibel sind. Harvard-Graphics-Dateien lassen sich nicht in PowerPoint öffnen und umgekehrt. Es gibt zwar einige Tricks, diese Probleme zu lösen, aber dabei gehen in der Regel einige Funktionen der Programme verloren. Achten Sie also bei der Auswahl der Programme darauf, dass sie kompatibel mit anderen genutzten Rechnern sind: Wenn Sie Ihre Präsentation nicht nur mit Ihrem eigenen Notebook vorführen wollen, sondern mit einem anderen Rechner, dann muss auf diesem auch das Programm installiert sein, mit dem Sie Ihre Präsentation erstellt haben.

Vektor oder Pixel?

Um die Funktionsweise und Leistungsfähigkeiten der einzelnen Programme zu verstehen, müssen Sie zwei Dinge unterscheiden: Vektor-Grafiken und Pixel-Grafiken. Programme, mit denen Sie zeichnen, malen oder Grafiken erstellen können, kennen zwei unterschiedliche Verfahren: Vektor-Grafiken und Bitmap- oder Pixel-Grafiken. Bei den Vektor-Grafiken werden Linien oder Flächen durch Rechenoperationen definiert. So arbeiten die meisten Präsentations-Programme. Bei Bitmap-Grafiken werden Linien, Flächen und Farben durch sehr viele kleine Punkte (Pixel) zusammengesetzt. Wenn Sie »mit dem Computer« malen, zeichnen oder Präsentations-Grafiken erstellen, macht es einen erheblichen Unterschied aus, ob Ihr Programm mit dem einen oder anderen Verfahren arbeitet. Auch wenn Sie vorgefertigte Bilder in Ihre Präsentation integrieren, müssen Sie wissen, mit welcher Art von Bilddatei Sie es zu tun haben.

Bilder als Vektor-Grafik lassen sich etwa folgendermaßen beschreiben: Jede bildliche Darstellung besteht aus mehr oder weniger vielen ausgeschnittenen Teilen, die Sie hin und her sowie über- und untereinander verschieben und verknüpfen können. In der Abbildung 10 liegen Kreise und Rechtecke »übereinander«, was Sie innerhalb Ihres Programms beliebig ändern können. Sie können diese Teile aber auch vergrößern, verkleinern oder verzerren. Bei der Erstellung einer Pixel-Grafik dagegen arbeiten Sie eher wie mit Malpinsel und Zeichenstiften.

Ein wichtiges Unterscheidungsmerkmal beider Verfahren ist die Vergrößerungsmöglichkeit der Darstellung. Eine Vektor-Grafik lässt sich ohne Qualitätsverlust beliebig vergrößern. Das ist bei Bitmap-Grafiken nicht möglich, weil sich bei der Vergrößerung nicht die Anzahl der Punkte erhöht. Eine derart vergrößerte Grafik ist grob gerastert und unscharf, wie bei den Figuren der Abbildung 11 zu erkennen ist.

Abb. 10: Vektor-Grafiken sind beliebig zu vergrößern und bestehen aus einer Reihe von geometrischen Grundelementen.

Abb. 11: Pixelgrafiken ähneln eher Zeichnungen mit Stift, Pinsel und Sprühdose.

Mit einem Grafikprogramm im Vektorverfahren können Sie folgende Gestaltungsformen realisieren: Mit Linien können offene oder geschlossene Formen hergestellt werden. Die Linienstärke kann auch nachträglich in ihrer Strichstärke neu definiert werden. Geschlossene Formen können mit Farben gefüllt werden. Aber hier kann nur eine einheitliche Farbe oder ein genau definierter Farbverlauf, z. B. von rot nach grün oder von schwarz nach weiß, zur Anwendung kommen. Es ist nicht möglich, mehrere abgestufte Farben frei zu positionieren, wie Sie das auf Papier tun können. Eine Fotografie kann also nicht als Vektor-Grafik dargestellt werden, es sei denn, die Halbtöne und Schattierungen werden in viele kleine Flächen aufgeteilt.

Bei Bitmap-Grafiken oder Pixel-Grafiken wird das Bild durch Punkte, die in Größe und Farbe unterschiedlich sind, bestimmt. Eingescannte Fotografien, Halbtonbilder und anderes werden in Form von Bitmap-Grafiken abgespeichert und bearbeitet. In Bildbearbeitungs- oder Malprogrammen können Sie Zeichenoperationen vornehmen, die an das Malen mit einem Stift oder Pinsel erinnern: Sie können dicke und dünne Linien in beliebigen Formen ziehen, Flächen mit Farbe füllen oder mit Schattierungen und Abstufungen versehen, Farben aufhellen oder abdunkeln, die Kontraste verändern und vieles mehr. Da hier eine enorme Menge an Daten anfallen, muss Ihr Rechner sehr leistungsfähig sein, um mit diesen Daten in einer angemessenen Zeit fertig zu werden. Dazu kommt, dass diese

Dateien sehr groß sind, im Gegensatz zu den Vektor-Darstellungen, und viel Speicherplatz brauchen.

Was sind Präsentations- und Businessprogramme?

Zur Anfertigung von Präsentations-Materialien liegt es nahe, so genannte Präsentations-Programme zu verwenden. Von der großen Masse auf dem Markt haben im Laufe der Jahre nur drei überlebt: PowerPoint, Harvard Graphics und Astound. Hinzu kommen noch ein paar spezielle Programme, die später genauer beschrieben werden.

Was aber sind Präsentations-Programme und worin unterscheiden sie sich von allgemeinen Grafikprogrammen? Die folgende Leistungsmerkmale kennzeichnen sie:

1. Sie ermöglichen das Gestalten mittels Schrift und Objekt als vektorbasierte geometrische Form. Diese Objekte können einfache Striche und Quadrate sein oder auch sehr komplexe Figuren wie Sterne und Pfeile. Bei sehr komplexen Objekten spricht man auch von Symbolen. All diese Leistungsmerkmale haben Präsentations-Programme mit allgemeinen Grafikprogrammen gemeinsam.

2. Das Besondere dieser Programme ist, dass Diagramme nach bestimmten, vorgegebenen Formen automatisch erstellt werden können. Nach der Eingabe von Zahlen braucht der Benutzer nur zu entscheiden, ob daraus ein Balken- oder Kreisdiagramm oder eine Verlaufskurve gezeichnet werden soll. Ähnliche automatische Funktionen stehen auch für die Erstellung von Tabellen- oder Verlaufsdiagrammen zur Verfügung.

3. Ebenfalls hervorzuheben ist die Möglichkeit, sich die erstellten Visualisierungen sowohl als Folien, Hand-outs oder Rednernotizen ausgeben zu lassen. Dabei werden die Größen und die Positionierungen auf der auszugebenden Seite angepasst. Dunkle oder farbige Hintergründe können für den Druck ausgeblendet werden.

4. Die verschiedenen Elemente des Layouts sind an bestimmte Vorlagen geknüpft und können über diese verändert werden. Ähnlich wie Sie es bei der Textverarbeitung in Word kennen, können Sie alle Elemente einer bestimmten Kategorie in der Form und Größe ändern. Sie können so z. B. alle Hintergründe eines Foliensatzes oder alle Überschriften erster Ebene variieren.

5. Die fertig gestellte Präsentation können Sie mit Ihrem Programm direkt auch vorführen, sei es über den Monitor Ihres Laptops für ein oder zwei

Personen oder über einen Datenprojektor für einen größeren Zuschauerkreis.

Die gängigen Präsentations-Programme wie PowerPoint, Harvard Graphics oder Astound sind also das geeignete Werkzeug, um Präsentations-Materialien zu erstellen.

Andere Programme für die Erstellung von Präsentations-Materialien

Wenn Sie diese Programme nun nicht zur Verfügung haben und die Anschaffung aufgrund der Kosten scheuen, können Sie zur Not auch mit Word oder mit Excel arbeiten.

Allerdings sind gute Kenntnisse im Umgang mit diesen Programmen erforderlich, um wirklich gute Ergebnisse erzielen zu können. In Word legen Sie Ihre Zeichnung in oder über den Text. In Excel müssen Sie zuerst das Ausgabeformat bestimmen, da Ihnen in der Regel sonst jede genaue Vorstellung von der Größe Ihrer Abbildung fehlt.

Tipp: Sollte Ihnen das geeignete Präsentations-Programms zu teuer sein, dann nutzen Sie die Möglichkeit, sie gebraucht zu erwerben. Der Versteigerungs-Marktplatz www.ebay.de ermöglicht den Erwerb preiswerter Software. Es muss nicht unbedingt die neueste Version sein! Die vorletzte Version tut es auch. Und sollten Sie Student, Lehrer oder Dozent sein, dann können Sie die verbilligten Schulversionen kaufen, die den Vollversionen in nichts nachstehen.

Graph ist sicherlich das meist genutzte Programm, ohne dass die Nutzer wissen, dass sie es verwenden. Wenn Sie ein Diagramm über Word, Excel oder PowerPoint erstellen wollen, wird Graph aktiv. Darüber hinaus bieten Ihnen die Programme Word und Excel auch Zeichnungsfunktionen und einen grafischen Editor für Schrift, der sich WordArt nennt.

Wenn Sie in einem Textverarbeitungsprogramm eine Textfolie erstellen, haben Sie die Möglichkeit, diese im normalen Schreibmodus zu erstellen oder im Grafikmodus die Schrift zu positionieren. Dagegen sollten Sie aber Folien, visuelle Darstellungen und Diagramme nur im Notfall in einem Textverarbeitungsprogramm kreieren. Es geht in einem Grafik-Programm sehr viel leichter und Ihnen stehen sehr viel umfangreichere Gestaltungsmöglichkeiten zur Verfügung. Das gilt auch, wenn Sie in einen Text visuelle Darstellungen einbringen wollen. Schreiben Sie zunächst den Text, positionieren Sie dann an der Stelle, an der die Grafik stehen soll, einen Rahmen und fügen Sie schließlich bei der endgültigen Formatierung die in einem Präsentationsprogramm erstellte Grafik in den Text ein.

Programme für spezielle Zwecke

Normalerweise kommen Sie mit einem Programm für die Erstellung aller visuellen Darstellungen aus. Mit PowerPoint, Harvard Graphics oder Astound können Sie alle visuellen Aussagen gestalten. Für manche Anwendungsbereiche jedoch empfehlen sich spezielle Programme.

Wenn es Ihnen darauf ankommt, dass es bei Ihrer Präsentation sehr lebendig zu geht, z. B. die Buchstaben vom Himmel regnen und die Diagrammbalken auf und ab springen, dann sollten Sie Astound benutzen.

Auf die Erstellung von Prozess-Diagrammen und Ablaufplänen spezialisiert sind VisioStandard und iGrafx FlowCharter.

Mit Origin und Axum, die sich auf die Visualisierung von wissenschaftlichem Datenmaterial spezialisiert haben, können Sie sehr ausgefeilte und komplexe Diagramme erstellen.

Wenn Sie aus Konstruktionszeichnungen perspektivische Modelle erstellen wollen, dann benötigen Sie dafür z. B. Bryce von Corel, mit dem Sie Landschaften erzeugen können, oder Poser, das Ihnen ermöglicht, Personen und Gesichter zu modellieren.

Wenn Sie komplexe Illustrationen erstellen wollen oder präzise technische Zeichnungen anfertigen, dann greifen Sie zu einem allgemeinen Grafik-Programm. Hier kommt z. B. CorelDRAW, CorelDESIGNER, Illustrator und Freehand in Frage.

Einfache Layout-Gestaltungen eines Berichtes oder einer Broschüre können Sie in einem Textverarbeitungsprogramm wie Word erledigen. Sollte die Layout-Gestaltung komplexer werden, benötigen Sie ein so genanntes Desktop-Publishing-Programm. Auf diesem Gebiet sind die beiden Großen, PageMaker und QuarkXPress, führend.

All die bisher genannten Programme eignen sich nicht zur Bildbearbeitung, denn sie sind vektor-orientiert. Sie können zwar innerhalb dieser Programme in eine visuelle Gestaltung ein digitalisiertes Bild, also eine Pixel- oder Bitmap-Grafik, einbinden, aber Sie können sie nur in beschränktem Ausmaß bearbeiten. In der Regel stehen für solche eingebundenen digitalisierten Bilder nur die Funktionen Vergrößern, Verkleinern, Beschneiden und Veränderungen in der Helligkeit und im Kontrast zur Verfügung. Wollen Sie jedoch ein digitales Bild retuschieren, benötigen Sie dazu ein Bildbearbeitungs-Programm. Dafür gibt es eine ganze Bandbreite von Programmen, von kleinen wie MS Fotoeditor, der sich meist schon auf Ihrem PC befindet, bis zu sehr komplexen oder sehr professionellen Systemen wie Photoshop, Picture Publisher oder Corel PHOTO-PAINT.

Wie viele Programme Sie brauchen, um Ihre Präsentations-Materialien zu erstellen? Eigentlich benötigen Sie dazu nur ein Programm, eben ein Präsentations-Programm. Die voranstehende Aufzählung soll Sie nicht dazu verleiten, sich ein komplexes Grafikstudio einzurichten. Wie gesagt: Es geht zur Not auch ganz ohne Präsentations-Programm, nur mit Word oder Excel. Aber beides ist eben nicht sonderlich bequem.

Allenfalls benötigen Sie eine Software zur Bildbearbeitung. Eingescannte Vorlagen und digitalisierte Fotos müssen Sie bearbeiten. Aber in der Regel reicht dazu die Software, die Sie mit Ihrem Scanner oder mit Ihrer Digitalkamera erworben haben.

Was Sie für Ihr Grafikstudio noch benötigen

Des Weiteren brauchen Sie einen Drucker. Für Text, Grafiken und Folien in Schwarz-Weiß empfiehlt sich ein Laserdrucker. Achten Sie aber bei komplexen Grafiken unbedingt auf die Größe des Speichers oder der Speicherverwaltung Ihres Druckers, da es sonst zu einem unvollständigen oder fehlerhaften Ausdruck kommen kann. Tritt dieses Problem bei Ihnen auf, dann gibt es folgende Lösungen:

1. Sie kaufen im Fachhandel Speicherbausteine und rüsten Ihren Drucker damit nach.
2. Sie »reduzieren« Ihre Grafik, das heißt, Sie verringern die Komplexität.
3. Sie reduzieren die Auflösung der Druckausgabe.
4. Oder Sie versuchen es mit einem anderen Druckertreiber für Ihren Laserdrucker.

Wenn Sie Folien mit Ihrem Laserdrucker ausdrucken, achten Sie unbedingt darauf, dass Sie nur hitzebeständige Folien, die für Laserdrucker oder Kopierer geeignet sind, verwenden. Sowohl Kopierer wie Laserdrucker können beim Schmelzen von Folien erheblichen Schaden erleiden. Am besten verwenden Sie nur die Folien, die ausdrücklich für Ihr Gerät empfohlen wurden.

Wenn Sie farbige Folien ausdrucken wollen, benutzen Sie einen Tintenstrahldrucker mit vier Farben. Diese Geräte sind relativ leistungsfähig und ausgesprochen preisgünstig. Angesichts der rasanten technischen Entwicklung ist es empfehlenswert, das neueste Modell zu erwerben.

Neben Tintenstrahldruckern gibt es auch Farbdrucker mit höherer Leistung und damit aber auch höherem Preis: Farblaser, Thermotransfer- oder Thermosublimationsdrucker arbeiten nach unterschiedlichen Druckverfahren. Wenn Sie beabsichtigen, eines dieser Geräte zu erwerben oder zu benutzen, beachten Sie bitte Folgendes:

Prüfen Sie immer die Qualität des Ausdrucks auf Folie und legen Sie diese Folie auch auf Ihren Overhead-Projektor. Die bestechende Farbqualität auf dem Ausdrucks sagt nichts über die Transparenz der Farben auf der Folie, die ja für die Projektion durchleuchtet werden muss.

Einen Scanner nutzen Sie, um Darstellungen oder Abbildungen im Print-Format in Grafikdateien umzuwandeln und sie dann in Ihre Präsentation aufnehmen zu können. Genauso gut geht das auch mit einer Digital-Kamera. Sie hat allerdings den Vorteil, dass Sie mit ihr auch Fotos von beliebigen Objekten anfertigen können.

Bilder, die Sie für Ihre Präsentations-Materialien verwenden, sollten eine ausreichende Qualität besitzen. Die Qualität bemisst sich vor allen Dingen in einer ausreichenden Auflösung und Schärfe, die im Wesentlichen durch die Anzahl der kleinen Bildpunkte, der so genannten Pixel, bestimmt wird. Je mehr Bildpunkte Ihre Darstellung hat, desto klarer und schärfer ist die Abbildung. Für ein kleines Bild, das Sie z. B. ins Internet stellen, genügen 72 dpi, das sind 72 Pixel pro Inch. Bei einer Größe von 9 x 13 cm würde diese Darstellung 256 x 384 Pixel, das sind knapp 10.000 Bildpunkte, enthalten. Ein derartiges Bild können Sie aber nicht auf DIN-A4-Format ziehen und ausdrucken. Dafür sollten Sie mindestens 1200 x 1600 Bildpunkte, das sind knapp zwei Millionen Pixel, verwenden. Dann haben Sie eine Auflösung von rund 170 dpi und somit eine qualitativ hochwertige Darstellung.

Wenn Sie Fotos für Ihre Präsentations-Materialien erstellen wollen, wählen Sie eine Digitalkamera, die Ihnen mindestens zwei Millionen Bildpunkte liefert; die moderne Technik macht das problemlos möglich. Bereits bei Digitalkameras, wie sie Fotoamateure verwenden, sind drei bis fünf Millionen Pixel heute schon Standard.

Durch die moderne Technik ist es heute leicht und wenig arbeitsaufwändig, visuelle Darstellungen in eine Präsentation einzubinden. Das sollten Sie nutzen. Bieten Sie Ihrem Publikum bei Ihrer nächsten Präsentation nicht nur Textgrafiken, sondern zeigen Sie Bilder, z. B. von Objekten, Arbeitsabläufen und der Wirklichkeit.

Sollte Sie einmal eine größere Menge von Dias oder Foto-Negativen digitalisieren wollen, so lassen Sie das von Ihrem Fotofachgeschäft erledigen. Sie erhalten dort digitalisierte Bilder im Format Picture CD mit einer Auflösung von 1024 x 1536 Pixel, im Format Photo CD mit 2048 x 3072 Pixel oder im Format Photo CD Pro mit 4096 x 6144 Pixel.

Teil 3
Was Sie über Grafikprogramme wissen müssen

Wenn Sie sich für ein Präsentationsprogramm entschieden haben, machen Sie sich damit vertraut. Es gibt unterschiedliche Wege, alles Notwendige zu erlernen: Sie können die Programm-Anweisungen durcharbeiten, eine Schulung besuchen oder Lehrbücher kaufen und sich das Nötige selbst aneignen. Wenn Sie eine Windows-Anwendung, z. B. ein Textverarbeitungsprogramm, beherrschen, brauchen Sie all dies nicht. Windows-Programme sind weit gehend selbst erklärend, was die Grundfunktionen und die Befehle betrifft.

Bevor Sie sich mit einem speziellen Programm vertraut machen, sollten Sie sich die Gemeinsamkeiten und Unterschiede aller Programme vor Augen führen.

Die drei Grund-Ebenen: System, Programm und Datei

Angenommen, Sie wollen PowerPoint für die Erstellung Ihrer Präsentationen einsetzen, Sie haben dieses Programm aber noch nie benutzt. Bevor Sie es starten, sollten Sie sich klar machen, dass es bei allen Programmen fünf Befehls-Ebenen zu unterscheiden gilt:

1. die Betriebs-Ebene,
2. die Programm-Ebene,
3. die Datei-Ebene,
4. die Vorlagen-Ebene und
5. die Ebene der automatischen Funktionen.

Die ersten drei Ebenen sind die Grundebenen. Die beiden restlichen Ebenen bauen darauf auf.

1. Die Ebene des Betriebssystems ist die Ebene des Betriebssystems Windows. Hier legen Sie Ihre Ordner an, in denen Sie die erstellten Präsentationen systematisch verwalten. Hier werden die Programme installiert und gestartet und Ihr Computer gepflegt. Wenn Sie mehrere Drucker, etwa einen Farb- und einen Laserdrucker benutzen, verändern Sie diese Systemeinstellungen von der Windows-Ebene her. Das Programm PowerPoint verhält sich in bestimmten Bereichen unterschiedlich, je nachdem ob Sie einen Schwarz-Weiß- oder einen Farbdrucker als Standard-Drucker definiert haben.

2. In der Programm-Ebene beeinflussen Sie die Funktion des ganzen Programms. Hier nehmen Sie all die Einstellungen vor, die Ihnen die Arbeit mit dem Programm leicht und angenehm machen. Dazu gehört die Einrichtung der Menü- und Symbolleisten, die Veränderung des Kontextmenüs und der verschiedenen Ansichten.
   Ihnen wird es sicher schon einmal aufgefallen sein, dass ein und dasselbe Programm auf einem anderen Computer ganz anders aussieht. Das liegt daran, dass sich die einzelnen Menüs, die Symbole und die Symbol-Leiste teilweise von selbst verändern, teilweise von Ihnen bewusst verändert werden können. Anweisungen und Befehle etwa können Sie auf unterschiedliche Arten eingeben: Durch das Aufklappen von Menüs, das Anklicken von Symbolen mit der linken Maustaste, das Öffnen des Kontextmenüs mit der rechten Maustaste, durch die Eingabe von Tastaturbefehlen und vieles mehr. Ebenso können Sie das Aussehen und die Funktionen Ihres Programms vielfältig verändern.

3. Verbale und visuelle Informationen, die Sie in ein Programm eingeben und gestalten, werden auf der Datei-Ebene abgespeichert. In Word heißt Ihre Datei Dokument und hat die Endung »doc«, in Excel enden sie auf »xls«, in PowerPoint heißt sie Präsentation und endet mit »ppt«.
   Auf der Datei-Ebene besteht Ihre eigentliche kreative Arbeit in der Erstellung von visuellen Darstellungen. Sie geben Texte ein, formatieren und positionieren sie, erstellen Diagramme, gestalten deren Aussehen usw. Sie sollten dabei unterscheiden, auf welcher Ebene Sie welche Einstellung vornehmen können. So werden z. B. die Formatierungen einer Textdatei nur für diese eine Datei gespeichert und nicht im Programm selbst, so dass Sie beim nächsten Mal, wenn Sie wieder eine neue Textdatei erstellen, die Formatierungen erneut eingeben müssen. Sollen diese veränderten Einstellungen dauerhaft bestehen, müssen sie auf der Vorlagen-Ebene verändert werden.

Die Vorlagen-Ebene

Sie kennen Vorlagen vielleicht von Ihrer Textverarbeitung. Wenn Sie z. B. bestimmten Textabschnitten die Formatvorlage »Überschrift« zuordnen, können Sie diese Abschnitte verändern, ohne den gesamten Text zu beeinflussen. Man nennt diese Formatierung »variabel« im Gegensatz zu den »festen« oder »direkten« Formatierungen, die Sie über die Menüs direkt zuordnen. Ferner können Sie nach bestimmten Formatvorlagen automatische Funktionen in Gang setzten, wie etwa ein Inhaltsverzeichnis nach Überschriften erstellen. Formatvorlagen haben viele nützliche Funktionen.

Auch Grafik- und Präsentations-Programme arbeiten mit Vorlagen. PowerPoint hat ein kompliziertes System von Vorlagen: Entwurfsvorlagen, Farbschemata, Folienlayouts und Ähnliches. All diese Vorlagen, die kompliziert ineinander greifen, machen die Bedienung des Programms nicht gerade einfach. In anderen Programmen, wie Harvard Graphics oder CorelDRAW haben die Vorlagen teilweise die gleichen Namen, aber andere Funktionen. Auch das kompliziert eine Programmbeherrschung natürlich unnötig. Sie müssen diese Vorlagen aber nicht unbedingt anwenden. Sie müssen nur das System dieser Vorlagen verstehen.

Wenn Sie Excel, Word oder PowerPoint öffnen und mit der Gestaltung einer leeren Seite beginnen wollen, stellt diese leere Seite immer die Kopie einer Standardvorlage dar. Diese Standardvorlage enthält eine Reihe von Einstellungen, über Größe, Hoch- oder Querformat, Randbreiten, eventuell auch Druckereinstellungen, auf jeden Fall aber die Festlegungen von Schriftarten, Schriftgrößen und vieles mehr. Wenn Sie diese Grundeinstellungen ändern wollen und diese Änderungen beim nächsten Öffnen einer leeren Seite erhalten bleiben sollen, dann müssen Sie diese Änderungen in der Standardvorlage abspeichern. Vorlagen haben andere Endungen als die der Dateien. In PowerPoint heißen die Endungen der Vorlagen »*.pot«. Wenn Sie eine geänderte Standardvorlage neu abspeichern wollen, müssen Sie sie »blank.pot« nennen.

Vorlagen haben mehrere Funktionen:

1. Sie können verschiedene Seitenfolien oder ganze Präsentationen mit einem geringen Arbeitsaufwand einheitlich gestalten.
2. Veränderungen von zugewiesenen Merkmalen lassen sich auf vielen Seiten durch einen einzelnen Arbeitsschritt zugleich durchführen. So können Sie z. B. auf allen Seiten Ihrer Präsentation die Schriftart ändern oder die Farbe der Autoformats wechseln.
3. Sie können bei der Erstellung Ihrer Präsentation aus einer Fülle von gestalteten Vorlagen auswählen und diese übernehmen. Sie können auch nachträglich eine andere Vorlage übernehmen, die dann das Aussehen Ihrer gesamten Präsentation ändert.

Das System der Vorlagen ist in einem Textverarbeitungs-System wie Word noch einigermaßen überschaubar. Bei Präsentations-Programmen wird es komplizierter. Am Beispiel von PowerPoint sei die nicht immer ganz logische und systematische Verschränkung der verschiedenen Vorlagen-Ebenen kurz aufgezeigt:

Vorlagen heißen auch Entwurfs-Vorlagen, Template, Design, leere Präsentation oder haben einen speziellen Namen. Sie sind als Dateien mit der Endung »*.pot« abgespeichert.

Eine Vorlage enthält zunächst einmal Grundeinstellungen hinsichtlich der Ausgabeform wie etwa Druck oder Bildschirm-Präsentation, hat eine bestimmte Größe mit konkreten Randbreiten und steht im Hoch- oder Querformat.

Sie kann einen neutralen, das heißt farblosen Hintergrund oder einen Hintergrund aus einer Farbe, aus mehreren Farben in Verlaufsform, aus Grafiken oder Mustern enthalten.

In PowerPoint gibt es so genannte Titelmaster und Folienmaster. Dabei handelt es sich um Platzhalter für Textgrafiken und Fußnoten. Hier sind Formatvorlagen für Titeltexte und für Texte in verschiedenen Aufzählungs-Ebenen formatiert.

Jede Vorlage enthält ein bestimmtes Folien-Layout. Unter Folien-Layout ist die Positionierung von Texten, Diagrammen, Grafiken und Clip-Arts zu verstehen. Es gibt 27 verschiedene Layouts, die Sie nicht verändern können. Wenn Sie z. B. auf Ihrer Folie ein Textfeld öffnen, dann ist dieses bereits vorformatiert. Damit ist das Textfeld selbst wiederum eine Vorlage. Sie können die Formatierung des einzelnen Textfeldes ändern oder die Änderung dauerhaft speichern, so dass sie beim Öffnen des nächsten Textfeldes erhalten bleibt.

Das gleiche Verfahren gilt auch für die Objektformatierung des Autoformats. Wenn Sie ein Autoformat in Ihre Grafik einfügen, hat diese eine bestimmte Füllfarbe, bestimmte Strichstärken und Strichfarben. Sie können diese Merkmale für das einzelne Objekt ändern oder die Änderungen so abspeichern, dass sie bei der Einfügung des nächsten Autoobjektes erhalten bleiben.

Ein Farbschema ordnet automatisch Farben bestimmten Bereichen, wie z. B. dem Hintergrund, der Überschrift, dem Text, dem Objekt etc. zu. Auch hier können Sie die Farben der Objekte einzeln ändern oder das Farbschema verändern. Ein Beispiel für ein Farbschema von PowerPoint finden Sie in der Abbildung 112.

Auch Animationsmuster können in Vorlagen abgespeichert werden. Das gilt für die Animation von Objekten und Diagrammen sowie für den Ablauf Ihrer Präsentation.

Wenn Sie mit Graph automatisch Diagramme erzeugen, so werden diese gemäß bestimmter Diagramm-Typen erstellt. Sie sind zwei- oder dreidimensional, haben bestimmte Formen und Farben, die Legenden stehen an einer bestimmten Stelle usw. All diese Merkmale können Sie einzeln ändern oder wiederum die Änderung so abspeichern, dass auch das nächste Diagramm wieder nach dieser Vorlage erstellt wird.

Wenn Sie PowerPoint noch nicht ausführlich kennen, werden Sie nach dieser kurzen Aufzählung der vielfältigen Vorlagenfunktionen natürlich nicht in der Lage sein, diese anzuwenden. Sollten Sie mit dem Programm noch unvertraut sein, versuchen Sie am Anfang nicht, dies alles ausführlich zu verstehen und zu lernen. Am besten vergessen Sie erst einmal alles über Vorlagen. Erstellen Sie Ihre Präsentationen durch direkte Formatierungen. Sie können später, wenn Sie mit dem Programm besser vertraut sind, immer noch diese Vorlagen verwenden. Am Anfang verwenden Sie erst einmal eine Standardvorlage oder eine leere Präsentation. Hier sind Platzhalter für Titel und Texte bereits vorgegeben. Wenn es Sie stört, wählen Sie über Format Folien-Layout das leere Inhalts-Layout. Dann können Sie Ihre Folien ohne Irritation durch die vielen und komplizierten Vorlagefunktionen frei gestalten.

Tipp: Wenn Sie Ihre Folien gleichartig gestalten wollen und die Hilfe der Vorlagen dafür nicht in Anspruch nehmen wollen, können Sie folgenden Trick anwenden: Kopieren Sie Ihre fertig formatierte Text- oder Diagrammfolie und korrigieren Sie in der Kopie den Text beziehungsweise die Eingaben für das Diagramm. Damit ersparen Sie sich für jede weitere Folie die vielfältigen Formatierungsanweisungen.

Die Ebene der automatischen Funktionen

Sie kennen sicherlich von Word eine Fülle von automatischen Funktionen: Bestimmte Funktionsfelder setzen jeweils das aktuelle Datum, die laufende Seiten-Nummerierung oder die Nummerierung und Gliederung von verschiedenen Aufzählungs-Ebenen ein. Auch in Präsentations-Programmen haben Sie diese automatischen Funktionen. Die Wichtigsten bestehen darin, Diagramme automatisch zu zeichnen. Sie geben lediglich die Werte ein, bestimmen den Diagramm-Typ und dann erstellt Ihnen das Programm das Diagramm. In allen Word-, Excel- und PowerPoint-Versionen steht Ihnen das Diagrammprogramm Graph zur Verfügung. Sie können Graph nicht eigenständig öffnen, sondern nur aus einem anderen Programm heraus.

Die Präsentations-Programme unterscheiden sich durch die Art und die Menge der einzelnen Diagramm-Typen, die sie zur Verfügung stellen. Für alle Standard-Aufgaben werden Ihnen Programme wie Harvard Graphics, PowerPoint oder Astound durchaus genügen. Wenn Sie spezielle Aufgaben im Wissenschaftsbereich oder für technische Zeichnungen bewältigen wollen, werden Sie zu einem Spezial-Programm greifen müssen.

Die automatischen Diagrammfunktionen sind das Wichtigste der so genannten Präsentations-Programme. Rein theoretisch können Sie auch in jedem anderen Grafik-Programm ein Diagramm erstellen, aber der Arbeitsaufwand dafür wäre unverhältnismäßig hoch. Es ist außerordentlich bequem, Diagramme automatisch erstellen zu lassen.

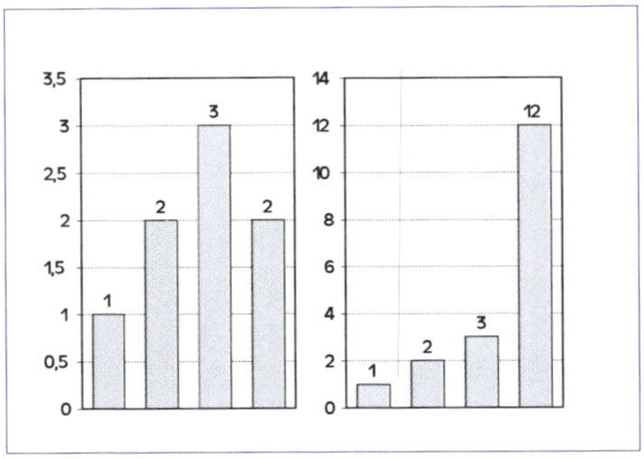

Abb. 12: Präsentations-Programme erstellen Diagramme automatisch gemäß der eingegebenen Werte. Ändern Sie einen Wert, zeichnet das Programm ein neues Diagramm.

Auch die so genannten Animationen, mit denen Sie einzelne Elemente Ihrer Grafik in Bewegung setzen können, sind automatische Funktionen, wie z. B. die sukzessive Präsentation von Texten. Und Sie können auch die Abfolge der Folien mit Animationseffekten versehen. Welche Animationseffekte es gibt und wie Sie diese in Ihrem Programm einsetzen, entnehmen Sie der Beschreibung des Programms.

Teil 4
Wie Sie in Ihrem Grafikstudio arbeiten

Die Erstellung visueller Materialien geschieht heute am Computer mit entsprechenden Programmen. Ob Sie Overhead-Folien erstellen oder eine PowerPoint-Präsentation planen, ob Sie Poster, Hand-outs oder Grafiken für Berichte entwerfen, überall hat der Computer die Handarbeit abgelöst. Nur in ganz seltenen Fällen arbeitet der Grafiker heute noch mit Stift, Tusche oder Lineal.

Bei der Erstellung von Präsentations-Materialien gibt es nur zwei Ausnahmen, bei denen der Computer nicht zum Einsatz kommt: der spontane Tafel- oder Flip-Chart-Anschrieb oder die Erstellung von Bildern mit Hilfe einer Kamera. Kommen wir aber zunächst auf die grafische Gestaltung per Computer zurück. Ganz gleich mit welchem Grafikprogramm Sie arbeiten, es gibt immer eine gewisse Menge von Gestaltungselementen, mit deren Hilfe Sie Ihre Folien erstellen können. In der folgenden Systematik finden Sie acht verschiedene Gestaltungselemente, die Sie für eine gute Präsentation einsetzen können. Ob Sie jetzt Grafiker oder Laie sind, ob Sie sich Ihre Präsentations-Materialien selbst erstellen müssen oder Ihnen dafür eine Sekretärin zur Verfügung steht: In jedem Fall ist es notwendig, dass Sie sich mit diesen Gestaltungselementen auskennen.

Texteingabe und Text-Formatierung

In einem Textverarbeitungsprogramm schreiben Sie einen Text von links nach rechts und zeilenweise von oben nach unten. In jedem Grafik-Programm wird ein Text in so genannten Textfeldern eingegeben und wie ein Zeichenobjekt formatiert. Sie können dann den Text frei auf einer Zeichenfläche positionieren, was Sie in einem Textverarbeitungsprogramm nicht können.

➜ **Bei einer Präsentations-Folie wird niemals ein »Text geschrieben«, sondern immer eine Textgrafik gestaltet.**

Dabei ähneln gewisse Formatierungs-Vorgänge denen in der Textverarbeitung, wie die Zuweisung von Schriftart, Schriftgröße u. a.

Diagramme automatisch erstellen

Balken-, Kreis- oder Linien-Diagramme müssen Sie nicht zeichnen, sondern Ihr Programm erstellt dies nach Eingabe der Werte automatisch. Sie geben die Werte zeilen- und spaltenweise in eine Tabelle ein, bestimmen den Diagrammtyp, die Dimensionen der Achsenbeschriftung, die Position der Legende und vieles mehr und das Programm erstellt Ihnen das Diagramm von selbst. Sie können auch nachträglich noch eine Fülle von Formatierungsmerkmalen des Diagramms ändern. Die Schwierigkeit für Sie besteht nur darin, genau zu wissen, mit welchem Befehl Sie welche Elemente des Diagramms ändern. Diese Kenntnisse müssen Sie sich unbedingt aneignen. Die Abbildung 12 zeigt ein Beispiel dieser automatischen Diagramm-Erstellung.

Wenn die automatische Diagramm-Erstellung bestimmte von Ihnen gewünschte Formatierungen nicht mehr zulässt, dann können Sie das Diagramm in eine Grafik überführen. Das automatisch erstellte Diagramm besteht dann aus einzelnen Grafik-Objekten, die nicht mehr automatisch angeordnet werden, sondern frei gestaltbar sind. Dann können Sie aber das Diagramm durch die Eingabe von Werten nicht mehr verändern.

Wenn Sie in Ihrem Diagramm sehr viele Werte verwenden oder die Werte ständig aktualisiert werden müssen, empfiehlt es sich, eine Verknüpfung zu der Quelle der Zahlen herzustellen, etwa zu Ihrer Tabelle in Excel oder Word. Sie müssen bei dieser Verknüpfung darauf achten, Spalten und Zeilen richtig zuzuordnen. Dann können Sie auch aus einem anderen Programm, etwa aus Excel, die Daten direkt übernehmen.

Tipp: Seien Sie vorsichtig mit solchen Verknüpfungen. Das macht Ihre Gestaltungsarbeit kompliziert und führt oftmals zu nicht voraussehbaren Effekten. Die Mühe der Korrektur kann um ein Vielfaches größer als der eingesparte Arbeitsaufwand sein.

Objekte erstellen

In vektor-orientierten Grafikprogrammen bestehen alle Darstellungen aus zwei Grundelementen: aus Linien und geschlossenen Formen, wie es in Abbildung 10 zu erkennen ist. Linien können in ihrer Form, Richtung, Stärke und Farbe verändert werden. Geschlossene Formen können jede beliebige geometrische Gestalt annehmen, man muss nur die Begrenzung der Form, also die Linie, in ihrer Stärke und Farbe verändern. Die Form selbst kann mit Farben – ob nun eine oder mehrere –, manchmal sogar mit einem Farbverlauf oder aber mit einem Muster gefüllt werden.

Der Unterschied zwischen vektor-orientierten und pixel-orientierten Programmen wird bei der Bearbeitung von Objekten deutlich: Sie können in den vektor-orientierten Programmen Ihre Objekte nicht radieren, nicht abschneiden, keine offenen Formen mit Farben oder Strukturen füllen und Sie können Farben nicht mit Werkzeugen wie Pinsel oder Sprühdosen auftragen. Dies ist nur in pixel-orientierten Mal- oder Bildbearbeitungs-Programmen möglich. Vergleichen Sie dazu noch einmal die beiden Abbildungen 10 und 11.

Objekte positionieren

Objekte, die aus Linien, Schriften oder geschlossenen Formen bestehen, können Sie auf der Zeichenfläche frei positionieren, verschieben und drehen oder vergrößern, verkleinern und verzerren. Beachten Sie, dass das Objekt nicht nur mit der Maus verschiebbar ist, sondern dass die Feinpositionierung auch mit den Pfeiltasten möglich ist. Ganz gleich in welchem Grafik-Programm Sie arbeiten, Sie können Ihre Objekte immer gruppieren, ausrichten und in den Vorder- oder Hintergrund stellen.

Abb. 13: Objekte im Vorder- und Hintergrund. Können Sie erkennen, welche Füllungen jeweils die Linien und die Objekte haben?

Das »Gruppieren« wird notwendig, wenn komplexe Darstellungen bestehend aus mehreren Objekten ins Spiel kommen. Damit diese einzelnen Elemente nicht immer wieder versehentlich verschoben werden, kann man alle zusammengruppieren. Dazu genügt es ein Objekte zu markieren und mit dem Befehl »Gruppieren« mit den anderen zu verknüpfen. Cliparts z. B. bestehen in der Regel aus vielen gruppierten Objekten.

Beim »Ausrichten« wollen Sie

Objekte oder Textteile auf einer Linie und mit einem bestimmten Abstand genau positionieren. Dazu steht Ihnen der Befehl Ausrichten zur Verfügung.

»Objekte in den Vorder- oder Hintergrund stellen« bedeutet, dass Sie auf Ihrer Zeichenfläche ein Objekt über das andere legen können, so dass es im Vordergrund über den anderen liegt. Das markierte Objekt wird dann mit diesem speziellen Befehl in eine andere Ebene verschoben. Beachten Sie, dass auch »unsichtbare« Objekte andere Objekte verdecken können, wenn sie im Vordergrund liegen oder sich hinter anderen Objekten verbergen. Unsichtbare Objekte sind solche, die die gleiche Farbe wie der Hintergrund haben. Ein weißes Rechteck mit einer weißen Linie lässt sich vor einem weißen Hintergrund nicht erkennen. Beachten Sie auch, dass Diagramme mit ihren Diagramm-Flächen Schrift verdecken können. Sie müssen dann die Schrift markieren und in den Vordergrund stellen, also vor die Diagramm-Fläche.

Autoformen

Ein Kreis oder ein Rechteck brauchen Sie in Grafikprogrammen nicht einzeln zu zeichnen, sondern Sie können eine Fülle von fertigen Formen übernehmen. In PowerPoint z. B. nennen sich diese Objekte Autoform. Wie viele Formen Ihnen zur Verfügung stehen, hängt von dem Programm ab.

Erinnern Sie sich noch einmal daran, dass Ihnen in den vektor-orientierten Programmen neben der Schrift nur zwei Grundelemente zur Verfügung stehen: die Linie und die geschlossene Form. Linien können Sie in der Stärke verändern und in einer bestimmten Form ausgeben. Meist stellen Ihnen die Programme auch unterschiedliche Linienstile wie etwa gestrichelte Linien und Linien mit Pfeilenden zur Verfügung. In den meisten Programmen können Sie Linien nicht mit Verlaufsfarben versehen, also nur in einer Farbe gestalten.

Geschlossene Objekte bestehen aus Linien, bei denen Ende und Anfang zusammenlaufen: Dreiecke, Rechtecke, Kreise, Ellipsen usw. Bei geschlossenen Objekten lassen sich Linien und Füllungen separat bearbeiten.

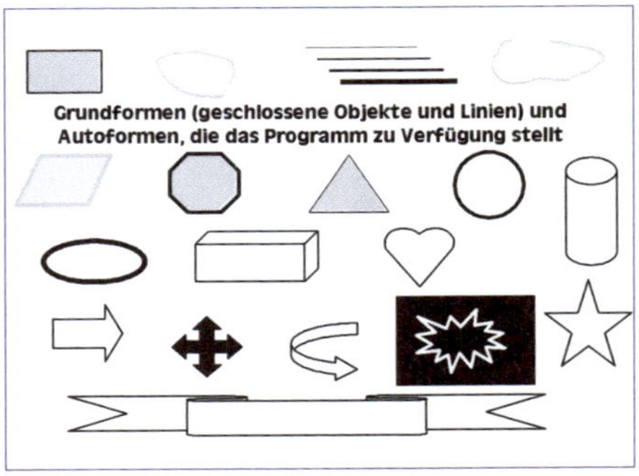

Abb. 14: Vektor-Grafiken bestehen aus Linien und geschlossenen Objekten. Autoformen sind Objekte, die Sie nicht selbst zeichnen müssen, sondern die Ihnen das Programm schon fertig zur Verfügung stellt.

Ihre gesamte Präsentations-Grafik besteht aus diesen beiden Elementen, aus Linien und geschlossenen

Formen. Das gilt auch für Diagramme. Ihre Fieberkurve wird durch eine Linie dargestellt, Ihre Balkengrafik durch geschlossene Formen. Auch Schrift verhält sich bei der Formatierung wie eine Linie. Es gibt allerdings Sonderschriften, die aus geschlossenen Formen besteht, dann ist es möglich, diese Schrift mit Mustern oder verlaufenen Farben zu füllen.

Tipp: Machen Sie sich zuerst mit den Grundformen dieser grafischen Gestaltung vertraut. Wenn Sie wissen, wie diese grafische Gestaltung funktioniert, dann finden Sie sich sehr schnell mit jedem Präsentations-Programm zurecht. Zwar sind die Namen der Befehle, mit denen bestimmte Funktionen ausgeführt werden, in den einzelnen Programmen unterschiedlich, die Grundfunktionen aber sind immer dieselben.

Objekte einfärben

Den Hintergrund, den Text, die Linien und die geschlossene Formen können Sie mit Farben versehen. Bedenken Sie aber, dass Sie in vektor-orientierten Programmen weder Pinsel noch Sprühdose einsetzen können.

Es gibt zwei Möglichkeiten, ein Objekt einzufärben: Zum einen können Sie aus einer Farbtabelle eine Farbe zu übernehmen und zum anderen können Sie sich jede einzelne Farbe aus den Farbkomponenten zusammenstellen. Die Farbtabellen wiederum enthalten zwei Zuweisungsmöglichkeiten: Einmal werden bestimmten Textarten und bestimmten Objekten automatisch Farben zugeordnet, in PowerPoint etwa heißt sie Farbschema. Die Abbildung 112 zeigt ein solches Farbschema. Zum anderen können Sie immer jedem einzelnen Objekt individuell eine Farbe aus der Tabelle zuordnen.

Wenn Sie nicht nur klare Grundfarben, sondern einen speziellen Farbton zuweisen wollen, dann ist das etwas schwieriger, weil die Farbdarstellung je nach Ausgabegerät sehr variieren kann: Der Monitor stellt eine Farbe als blau-grün dar, im Ausdruck ist sie eher braun, und bei der Beamer-Präsentation haben Sie den Eindruck, dass es sich um ein Grau handelt. Aber man kann die Farbdarstellung des Monitors an die anderen Ausgabegeräte angleichen, identisch wird sie aber nie sein. Wenn Sie genaue Farbtöne brauchen, dann gibt es nur einen Weg: Erstellen Sie eine Farbtabelle mit dem Drucker, mit dem Sie auch Ihre Präsentations-Materialien ausdrucken werden. Richten Sie sich dann bei der Farbzuweisung nach der ausgedruckten Farbtabelle und nicht nach Ihrem Eindruck auf dem Monitor. Auf die Darstellung von Farben kommen wir später noch einmal zurück.

Einfügen von Dateien

In Ihre Präsentation können Sie aus anderen Programmen Texte, Vektorgrafiken oder digitalisierte Bilder einfügen. Das funktioniert entweder über die Windows-Zwischenablage, über die Funktion »Einfügen« oder über die Funktion »Dateien importieren«.

Texte aus einer anderen Datei in eine Präsentation einzufügen, macht meist mehr Mühe, als diese neu einzugeben. Einerseits müssen Sie sie sowieso neu formatieren, andererseits sollten Ihre Präsentations-Materialien sowieso keine langen Texte enthalten. Also: Lieber alles im Textfeld des Präsentations-Programms neu eingeben.

In der Regel ist es nicht möglich, die Dateien anderer komplexer Grafikprogramme in Ihre Präsentation einzufügen. Aber über die Windows-Zwischenablage oder über die Konvertierung von Dateien lässt sich dieses Problem meist doch lösen. Das Einfügen einfacher Dateien wie *.wmf oder *.cgm ist meist problemlos möglich. Cliparts sind häufig in dieser Dateiform abgespeichert.

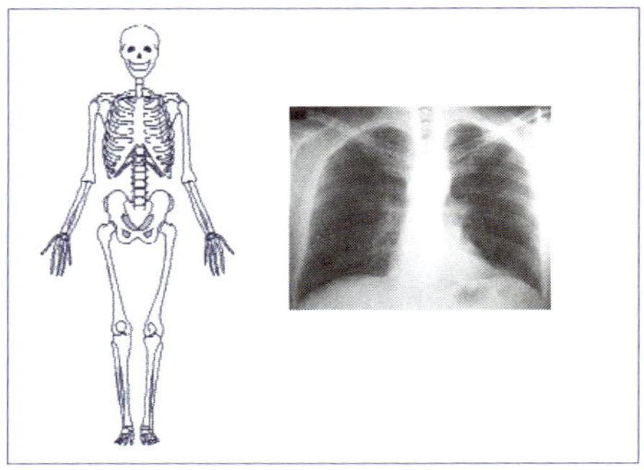

*Abb. 15: Hier wurden zwei Dateien eingefügt: eine Vektor-Grafik im Format *.cgm und eine Bitmap-Grafik im Format *. jpg.*

Das Einfügen von digitalisierten Bildern als Bitmap- oder Pixel-Grafiken stellt für die Grafikprogramme kein Problem dar. Nachdem Sie das Bild in Ihr Präsentations-Programm eingebunden haben, können Sie noch die Größe, die Helligkeit und den Kontrast des Bildes ändern. Detaillierte Bearbeitungen und Retuschen sollten Sie in einem Bildbearbeitungs-Programm vor dem Import vornehmen. Dasselbe gilt für die Pixelgröße, die Auflösung und die Stärke der Kompression.

Digitale Bilder und Scans bearbeiten

Zunächst einmal müssen Sie entscheiden, für welchen Verwendungszweck Sie Ihre Präsentation erstellen. Wenn Sie sie ins Internet stellen wollen, eine Monitor- oder Beamer-Präsentation vorbereiten, benötigen Sie eine andere Auflösung, als wenn Sie Overhead-Folien ausdrucken wollen. Für das Internet genügt eine Auflösung von 72 dpi, für einen Ausdruck sollten Sie mindestens 150 bis 200 dpi wählen.

In einem Bildbearbeitungsprogramm bereiten Sie Ihre digitalisierten Bilder in Bezug auf Farben, Helligkeit und Kontrast nach. Die meisten Bilder, die man meist in Präsentationen sieht, sind zu dunkel. Machen Sie Ihre also so hell wie möglich.

Schneiden Sie unnötige Bildteile ab. Zeigen Sie nur das, was für Ihre Darstellung in der Präsentation wichtig ist. Die digitale Bildbearbeitung bietet vielfältige neue Gestaltungsmöglichkeiten. Was früher bei Dias und Fotos nur mit erheblichem Aufwand an Retusche und Grafikerarbeit möglich war, ist bei digitalisierten Bildern im Handumdrehen möglich. Neben der Ausschnittvergrößerung und der Aufhellung von dunklen Bildern ist das »Abblenden« von unwichtigen Details eine für Präsentationen wichtige Funktion. Wenn Sie das Bild eines Gegenstandes oder Objekts deutlich hervorheben wollen, tun Sie gut daran, den Hintergrund aufzuhellen oder abzudunkeln. Die Abbildungen 48 und 49 (Seite 68) zeigen ein Beispiel: Das abgebildete Modell des Aachener Doms ist visuell klarer und leichter zu erfassen, wenn Struktur der Mauer im Hintergrund nicht mehr von dem Objekt ablenkt.

Animation

Jede einzelne visuelle Darstellung kann Animations-Effekte enthalten. Hier werden ähnlich wie bei einem Zeichentrickfilm Bewegungsabläufe dargestellt oder simuliert. Solche Bewegungsabläufe lassen sich zur Darstellung von Ereignissen und Prozessen einsetzen: bei der schematischen Darstellung des Blutkreislaufes, dem Fortschritt eines Bauprojektes oder der Demonstration eines Verkehrsunfalls.

Animations-Effekte lassen sich aber auch dazu verwenden, die Aufmerksamkeit der Teilnehmer einer Präsentation zu steuern. Eine komplexe Tabelle wird nicht sofort mit allen Inhalts-Elementen präsentiert, sondern gemäß des Fortgangs des Vortrags allmählich ergänzt. Dieses Verfahren ähnelt einerseits dem spontanen Tafel-Anschrieb, andererseits der Abdeck-Methode bei der Präsentation mit Overhead-Folien.

Animation kann aber auch nur auf den Überraschungs- oder Motivations-Effekt abzielen. Buchstaben, die vom Himmel fallen, Balkengrafiken, die hin- und her tanzen, Bild- und Farbeffekte, die über die Leinwand huschen, vermitteln keine inhaltliche Information.

Seien Sie vorsichtig mit dem Einsatz derartiger Effekte. Die Werbung verspricht Ihnen, dass Sie damit Ihr Publikum begeistern und Ihre Präsentation zum Erfolg wird. Analysieren Sie zuerst Ihr Präsentationsziel und Ihr Publikum. Entscheiden Sie dann, ob es sinnvoll ist, dass die Logos durch die Gegend sausen und die Schlagwörter den Zuschauern entgegenspringen. Überlegen Sie immer zuerst, welchem Zweck diese Animation dient. Man unterscheidet drei Grundfunktionen:

1. Bildbewegungen dienen dazu, einen Vorgang besser und verständlicher darzustellen, als es durch starre Bilder möglich ist.
2. Die sukzessive Präsentation einzelner Bildelementen dient der Steuerung der Aufmerksamkeit des Publikums. Umfangreiche Informationen kann der Teilnehmer Ihrer Präsentation ohnehin nicht auf einen Schlag aufnehmen. Er nimmt sie Schritt für Schritt wahr.
3. Animations-Effekte können Aufmerksamkeit und Motivation hervorrufen und verstärken.

Überlegen Sie sich genau, ob die von Ihnen eingesetzten Animations-Effekte zu dem Ziel Ihrer Präsentation und zu Ihrem Publikum passen.

Neben diesen drei Animations-Funktionen zur Belebung von visuellen Darstellungen gibt es noch eine vierte Form: die Animation des Präsentations-Ablaufs. Hierbei werden die visuellen Darstellungen durch Überblendungs-Effekte verbunden. Hierzu ist auch die Verknüpfung von Musik- und Toneinlagen mit der visuellen Präsentation möglich.

Aber: Je eigenständiger die Präsentation läuft, desto mehr tritt der Vortragende in den Hintergrund. Eine völlig automatisierte Präsentations-Darbietung macht den Menschen überflüssig. Solche automatisierten Präsentationen haben da ihre Bedeutung, wo der Konsument Informationen von einer CD, im Internet oder an einem Messestand eigenständig zu jeder beliebigen Zeit abrufen will. Bei einem Präsentations-Vortrag jedoch sollte die Darbietung der einzelnen visuellen Inhalte nicht ganz automatisch erfolgen. Der Vorteil des persönlichen Vortrages ist es ja gerade, auf einzelne Fragen des Publikums individuell eingehen zu können und die visuellen Darstellungen seiner Präsentation in beliebiger Reihenfolge darbieten zu können.

Weitere Herstellungstechniken

Sie werden den überwiegenden Teil Ihrer Präsentations-Materialien mit Hilfe eines Grafikprogramms auf dem Computer erstellen, mit einem Drucker auf Folie ausgeben, Hand-outs oder Poster drucken oder Ihre Folien mit Notebook und Beamer direkt projizieren. Aber es können sich auch Gelegenheiten ergeben, einmal anders vorzugehen.

Abb. 16: Wichtig für alle Präsentations-Materialien, die Sie per Hand anfertigen!

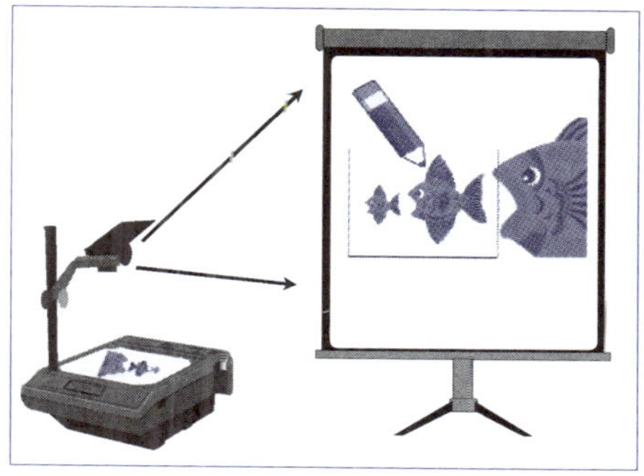

Abb. 17: Ihr Overhead-Projektor als Zeichengerät.

Da wäre zum einen der spontane Anschrieb auf Folie, Tafel oder Flip-Chart während der Präsentation. Dieser Anschrieb sollte immer vorüberlegt und geplant sein. Das betrifft den Aufbau, die Strukturierung, die Platzverteilung, die Informationsmenge sowie vieles mehr. Es lassen sich aber auch vor der Präsentation Folien und Flip-Chart-Bögen per Handschrift und Handzeichnung vorbereiten.

Schreiben Sie dabei in Druckschrift mit großen und kleinen Buchstaben und nehmen Sie einen breiten Stift, mit dem die senkrechten Schreiblinien schmaler und die waagerechten breiter ausfallen. Zeichnungen wiederum sollten Sie immer mit dicken Strichen anfertigen.

Tipp: Ihr Overhead-Projektor eignet sich als Malhilfe. Fertigen Sie von Ihrer Vorlage mit Hilfe des Druckers oder Kopierers eine Folie und projizieren Sie diese gegen den Flip-Chart-Bogen. So können Sie jede kleine Zeichnung in beliebiger Größe mit einem dicken Stift plakativ nachgestalten.

Auch im Zeitalter des Computers können mit der Hand gezeichnete Folien durchaus attraktiv sein. Ergänzungen per Hand mit farbigen Stiften (wie Unterstreichungen, Rahmen, Pfeile usw.) auf der schwarz-weiß gedruckten Folie sind durchaus möglich.

Wenn Sie Vorlagen aus fremden Quellen haben, können Sie von diesen mittels Kopierer Folien oder Poster fertigen. Aber beachten Sie, dass gedruckte oder geschriebene Texte meist zu klein sind, um sie als Folien zu nutzen. Auch eine Vergrößerung mittels Kopierer bringt hier nicht den gewünschten Erfolg. Hinzu kommt, dass die Textgestaltung fast nie den Bedürfnissen einer Foliengestaltung entspricht. Zeichnungen, Halbtonbilder und Fotos können dann zu Folien verarbeitet werden, wenn sie ausreichend zu vergrößern sind.

Tipp: Beim Kopieren von Vorlagen aus Büchern oder Prospekten »schlägt« oftmals die Schrift der Rückseite durch. Legen Sie auf die Rückseite der zu kopierenden Vorlage eine schwarze Pappe.

Abb. 18: Die Kopie von einer Vorlage enthält »überflüssige« Elemente und Unsauberkeiten.

Abb. 19: Von dieser Kopie schneiden Sie Überflüssiges weg und ergänzen gegebenenfalls angeschnittene Bildteile.

Abb. 20: Die fertige Folie mit einer neuen Schriftzeile.

Wenn Zeichnungen und Fotos für Ihre Folie zu komplex sind, schneiden Sie mit der Schere überflüssige Elemente oder den Hintergrund einfach weg und fertigen Sie durch Aufkleben eine Folie. Sie können also all das, was sie mit einem Bildbearbeitungsprogramm erledigen können, auch per Hand mit Schere, Papier und Klebstoff erreichen.

Wenn Sie innerhalb Ihrer Präsentation einen Video-Film zeigen wollen, greifen Sie sicherlich auf professionelle Videoproduzenten zurück oder erwerben einen Lehrfilm für Unterrichts- oder Präsentationszwecke, wie er zu vielen Themen auf dem Markt angeboten wird. Wollen Sie Ihrem Publikum aber lediglich einen bestimmten Vorgang mittels filmischer Darstellung zeigen, so können Sie diesen Vorgang auch mit einer Videokamera selbst aufnehmen. Versuchen Sie aber nicht, einen »Film« zu drehen: Nehmen Sie den zu demonstrierenden Vorgang mit ruhiger Kamerastellung ein oder zwei Minuten lang auf und wiederholen Sie diese Aufnahme eventuell mit einer anderen Einstellung. Versuchen Sie nicht, mit Vorspann, Schnitten, Musikuntermalung und dergleichen mehr zu arbeiten, es sei denn, Sie sind wirklich Profi in diesem Bereich. Eine einfache dokumentarische Darstellung ist viel beeindruckender als der amateurhafte Versuch, filmische Gestaltungsmittel zur Anwendung zu bringen.

Beim Einsatz eines Tisch-Flip-Charts oder eines großen Stand-Flip-Charts können Sie zur Visualisierung Ihres Vortrages auch Poster einsetzen. In den Abbildungen 4, 5 und 8 finden Sie entsprechende Beispiele. Für den Tisch-Flip-Chart genügen bei einem kleinen Teilnehmerkreis ein direkter Computerausdrucke im DIN-A4- oder DIN-A3-Format. Für Ihr Groß-Flip-Chart müssen Sie es mit einem Großkopierer auf das Format DIN A1 oder DIN A0 vergrößern lassen oder mit einem Large-Format-Printer ausdrucken.

Teil 5
Probieren geht über Studieren

Vielleicht kennen Sie Murphys Grundgesetz:

→ **Alles was schief gehen kann, geht auch schief!**

Das gilt ganz besonders bei Präsentationen. Bei der Herstellung von Präsentations-Materialien, beim Einsatz von Präsentationsmedien und beim eigenen Vortrag passieren immer wieder Pannen. Probieren Sie immer alles aus, bevor Sie es in der Praxis anwenden. Man empfiehlt Ihnen die Software X, den Drucker Y oder den Projektor Z als Nonplusultra. Probieren Sie es lieber selbst aus. Man drückt Ihnen einen Datenprojektor und ein Notebook in die Hand und Sie sollen damit eine Präsentation durchführen. Überprüfen Sie die Geräte und die Funktionen, bevor Sie vor Ihr Publikum treten: Entweder fehlen Ihnen eine Verlängerungsschnur und ein Doppelstecker oder der PC hängt sich auf. Denken Sie daran: Alles was schief gehen kann, geht schief.

Angenommen, Sie fertigen Folien für einen Vortrag an. Dabei wählen Sie für die Schrift sorgfältig einen bestimmten Blauton aus und für den Hintergrund eine darauf abgestimmte Farbe. Nachdem Sie dann alle Folien ausgedruckt und sie auf den Overhead-Projektor gelegt haben, stellen Sie fest, dass das Blau lila ist und die Schrift auf dem Hintergrund kaum zu erkennen ist.

Machen Sie es sich zur Gewohnheit, die Gestaltung Ihrer Präsentations-Materialien immer unter realen Bedingungen zu überprüfen. Die Darstellungen auf dem Monitor Ihres PCs sind keine realen Präsentations-Bedingungen.

➔ **Machen Sie am Anfang der Erstellung Ihrer Materialien eine Probe. Schauen Sie sich Ihre Gestaltung unter realen Projektionsbedingungen und Lichtverhältnissen und mit einem angemessenen Betrachtungsabstand an.**

Dieses Buch will Ihnen mit konkreten Empfehlungen bei der Gestaltung Ihrer Präsentations-Materialien helfen. Probieren Sie sie einfach einmal aus.

Die meisten Gestaltungsfehler lassen sich auf eine mangelnde Überprüfung der Präsentationsmaterialien unter realen Bedingungen zurückführen. Abbildung 21 ist dafür ein gutes Beispiel: Am Monitor kann eine solche Grafik noch akzeptabel sein. Aber schon hier in der Druckvorlage ist sie nur mit Mühe zu erkennen. Als OHP-Folie oder durch eine Beamer-Projektion ist diese Darstellung untauglich.

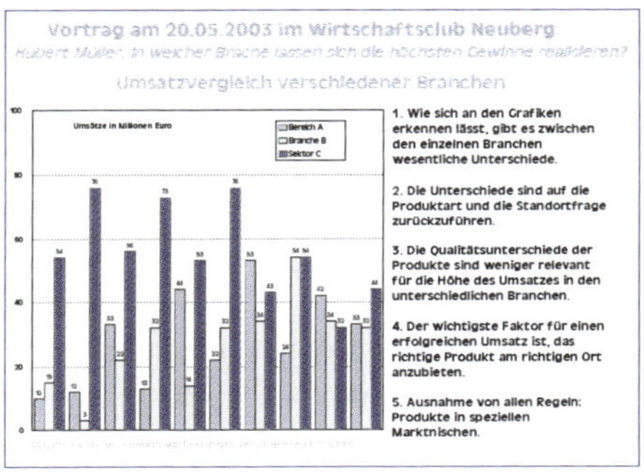

Abb. 21: Eine Grafik mit allen typischen Präsentationssünden: zu viel Text, zu kleine Schrift, zu geringe Kontraste und eine nicht erfassbare Informationsmenge.

Schriftart und Schriftgröße

Der häufigste Fehler bei der Herstellung von Präsentations-Materialien ist, dass die Schriften zu klein und die Linien zu dünn sind. Der Monitor des Computers, an dem Sie Ihre Präsentations-Materialien erstellen, ist für Sie ein Nahmedium. Wenn Sie die Grafik aber mit einem Projektor, einem Poster oder einem Großmonitor einem Publikum präsentieren, dann gelten die Gesetze des Fernmediums.

Die Lesbarkeit einer Schrift wird durch die Größe, die Schriftart und die Strichstärke bestimmt. Die Größe einer Schrift wird in »Punkten« angegeben. Die Buchstaben eines Drucktextes für DIN A4 sind in der Regel zehn bis zwölf Punkte groß.

➔ **Für Präsentations-Materialien sollten Sie niemals eine Schrift verwenden, die kleiner als 24 Punkte ist.**

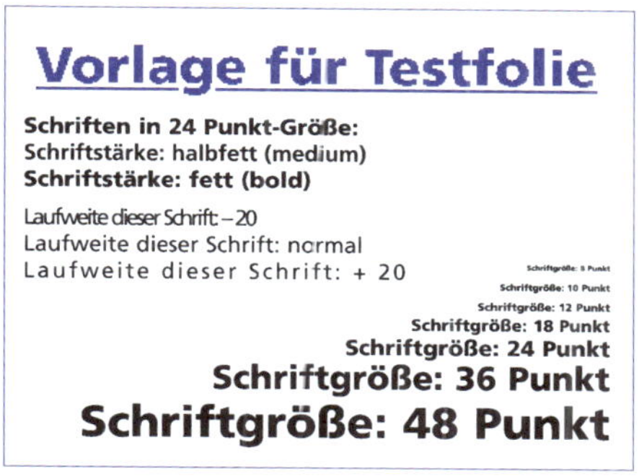

Abb. 22: Schriftgrößen, Schriftstärken. Achtung: Diese Abbildung stellt die Schriften stark verkleinert dar.

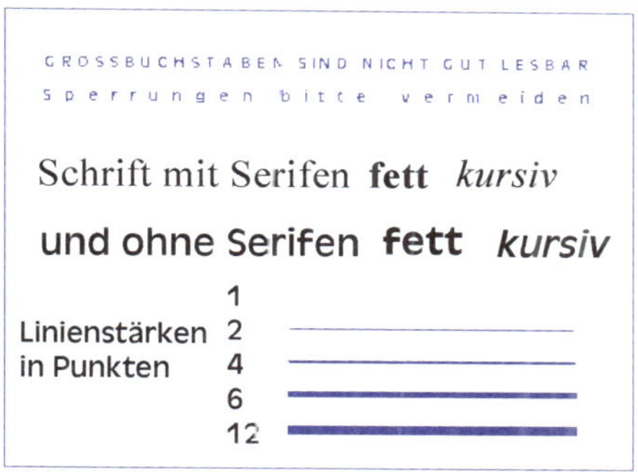

Abb. 23: Linienstärken, Schriftarten.

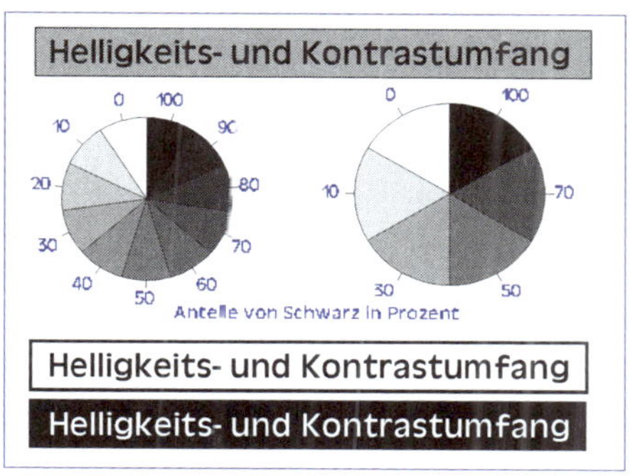

Abb. 24: Fertigen Sie auch hiervon eine Testfolie und projizieren Sie diese mit einem Overhead- oder Datenprojektor an die Wand.

Verwenden Sie möglichst eine halbfette und serifenfreie Schrift.

Damit Sie sich von der Notwendigkeit einer solchen Schriftgröße überzeugen, fertigen Sie sich nach dem Vorbild der Abbildung 22 eine Folie, projizieren diese an die Wand und betrachten die Schriften in einem Abstand von sechs bis acht Metern. Sie werden dann selbst sehen, dass erst Schriften ab der Größe von 24 Punkten mühelos lesbar sind. Dies gilt auch bei Präsentationen mit Großmonitoren oder Flip-Chart-Postern.

Kontraste

Auf dem Monitor Ihres Computers können Sie sehr viele Grautöne und Helligkeitsstufen unterscheiden. Das liegt daran, dass Ihr Röhren- oder Flachbildschirm ein größeres Helligkeitsspektrum darstellen kann als andere Ausgabegeräte. Beim Ausdruck ist dieser Kontrastumfang stark reduziert. Fertigen Sie sich nach dem Muster der Abbildung 24 eine Grafik an, die Sie auf Papier und Folie ausdrucken (keine Kopie von dieser Abbildung im Buch) und überprüfen Sie dann, wie viele Grautöne noch deutlich unterscheidbar sind. In der Regel ist es nicht sinnvoll, neben Schwarz und Weiß mehr als drei bis vier Abstufungen zu verwenden.

Wenn Sie Schriften, Datentabellen oder Zeichnungen mit einem Grauton oder mit einer Farbe hinterlegen, so werden Sie bei einem Ausdruck auf Papier oder im Druck feststellen: Die hinterlegte Schrift tritt plastisch hervor. Bei allen Projektionsmedien können Sie das Gegenteil beobachten: Die hinterlegte Schrift tritt zurück, wird abgedunkelt und gedämpft. Wenn Sie Texte oder grafische Elemente besonders hervorheben wollen, müssen Sie diese Hervorhebungen durch andere Elemente als durch Hinterlegungen realisieren. Wollen Sie einen Text hervorheben, wählen Sie eine besondere große Schrift oder auch eine ausgefallene Schriftart. Wollen Sie eine Grafik hervorheben, so hinterlegen Sie sie nicht mit einer dunkleren Fläche, sondern setzten einen Rahmen um diese Grafik. Die Abbildungen 90 bis 92 zeigen, was damit gemeint ist.

Fertigen Sie auch von der Abbildung 24 Testfolie und Papierausdruck an und vergleichen Sie die Wirkungen. Ermitteln Sie, wie viele Graustufen bei Ihrem Ausgabegerät deutlich unterscheidbar sind. Hinterlegungen von Texten und Grafiken wirken im Ausdruck und in der Projektion unterschiedlich. Das gilt für alle Helligkeitskontraste. Beim Einsatz von Farben ist die Sache etwas komplizierter. Hier kommt zum Helligkeitskontrast noch der Farbkontrast hinzu.

Farben und Farbtabellen

Sie haben schon bei den Kontrasten gesehen: Das Monitorbild, der Ausdruck auf Papier und die Projektionen der Folie unterscheiden sich erheblich. Der Unterschied zwischen Farbdarstellungen am Monitor einerseits und Druckausgaben andererseits ist noch größer. Bei der Gestaltung Ihrer farbigen Folien müssen Sie daher »rückwärts« vorgehen: Drucken Sie sich zuerst eine Farbtabelle aus, mit deren Hilfe Sie die einzelnen Farben bei der Gestaltung festlegen.

Unsere Empfehlung, sich nach der ausgedruckten Farbtabelle bei der Gestaltung eines Bildes zu richten, gilt nur für die Erzeugung von Präsentations-Grafiken. Wenn Sie dagegen ein digitalisiertes Foto farbgetreu ausdrucken wollen, dann müssen Sie über die Druckersteuerung oder über die Veränderung der Bilddatei den Drucker veranlassen, die Farben so zu drucken, wie Sie sie am Monitor sehen.

Ihr Grafikprogramm erlaubt es Ihnen, auf eine Palette von fertigen Farben zuzugreifen oder sich selbst Farben zu mischen. Die Farbtabellen in den verschiedenen Grafik- und Präsentations-Programmen fallen unterschiedlich aus – im Umfang wie auch in der Funktion. In den Microsoft-Programmen Excel, Word und PowerPoint können Sie auf drei Farbtabellen zugreifen:

1. Auf eine kleine Tabelle bestehend aus zwei mal acht Farben. Die ersten acht Farben stellen ein so genanntes Farbschema dar. Die Farben werden automatisch dem Hintergrund, bestimmten Textteilen und bestimmten Objekten zugeordnet. Wenn Sie ein anderes Farbschema wählen oder Farben im Farbschema ändern, ändern sich in Ihrer Präsentation alle zugewiesenen Farben. Sie haben es hier also mit Funktionen wie bei einer Vorlage

zu tun. Die Abbildung 112 zeigt Ihnen eins der 12 Farbschemata, die im Programm vorgegeben sind.
Auch andere Grafikprogramme, wie etwa Harvard Graphics, kennen dieses System der automatischen Zuweisung von Farben nach einer Tabelle. Hier heißt diese Vorlage »Farbpalette«. Probieren Sie aus, ob es für Sie Sinn macht, mit diesen Farbschemata zu arbeiten. Das ganze System der automatischen Zuordnung von Farben ist sehr kompliziert und nicht immer zu durchschauen.

2. Auf eine mittlere Farbtabelle mit 40 Farben, die Ihnen in allen Microsoft-Programmen zur Verfügung steht. Auch diese Farben sind jeweils benannt und auch diese Tabelle können Sie nicht direkt ausdrucken, sondern müssen sich eine Folie nach dem Muster der Abbildung 110 erstellen. Drucken Sie die Farbtabelle auf Papier und auf Folie aus und vergleichen Sie Ihr Monitorbild, den Ausdruck und das Projektionsbild dieser Folie miteinander. Sie werden ganz erhebliche Farbunterschiede feststellen. Lassen sich die dunklen Farben in der obersten Reihe überhaupt unterschieden? Ist das Rosa, das Orange oder das Blaugrau als solches zu erkennen?
   Versuchen Sie nicht, wenn es um die Erstellung von Präsentations-Grafiken geht, die Ausgabegeräte »richtig« einzustellen, um eine »korrekte« Farbdarstellung zu erhalten. Eine derartige Kalibrierung ist nur in einem professionellen Grafik-Studio möglich. Orientieren Sie sich an dem Ausgabegerät, das Sie bei Ihrer Präsentation einsetzen.

3. Und schließlich auf eine Farbwabe mit 127 Farben und zusätzlich 17 Grautönen, die Ihnen wiederum in allen Microsoft-Programmen zur Verfügung steht. In der Abbildung 111 sehen Sie diese Wabe, die Sie, wie auch alle anderen Tabellen, als Grafik erstellen müssen, um sie ausdrucken zu können.

Was Sie tun müssen, um den einzelnen Elementen Ihrer Grafik Farben zuzuweisen, entnehmen Sie der Programmanleitung. Mit welchem Programm Sie auch arbeiten, das Prinzip ist immer das Gleiche: Jede neue Grafik, die Sie entwerfen, enthält für bestimmte Elemente wie Hintergrund, Text oder Balken und Segmente der Diagramme schon automatisch zugewiesene Farben. Nun haben Sie drei Möglichkeiten:

1. Sie begnügen sich mit den automatisch zugewiesenen Farben.
2. Sie ändern die entsprechende Farbtabelle und damit die automatischen Zuweisungen.
3. Sie weisen den einzelnen Objekten neue Farben zu.

Wenn Sie einem Objekt eine Farbe auf diese Weise direkt zuweisen, können Sie sie über die Veränderung des Farbschemas nicht mehr ändern.

Probieren Sie aus, welche Vorgehensweise ihnen besser gefällt. Nach unserer Ansicht ist die direkte Zuweisung der Farben einfacher und übersichtlicher. So sind Sie nicht von den Gestaltungsvorgaben des Programms abhängig und können alle komplizierten Änderungsvorgänge der Farbschemata und Farbpaletten vergessen.

Die direkte Zuweisung von Farben nehmen Sie dadurch vor, dass Sie eine Farbe aus einer Farbpalette auswählen oder eine Farbe gemäß des Farbsystems des Programms »mischen«. Kapitel 14 »Wichtiges über Farben und Farbgestaltungen« beschreibt diese Mischsysteme.

Bei der Beurteilungen der Farbwirkungen Ihres Datenprojektors müssen Sie immer auch das Raumlicht berücksichtigen. Präsentationen finden ja immer in einem mit Tages- oder Kunstlicht erhellten Raum statt. Die Art des Lichtes und das Ausmaß der Helligkeit haben erheblichen Einfluss auf die Farbwirkungen.

Präsentationen in Schwarz-Weiß als Hand-outs ausdrucken

Wenn Sie eine Farbtabelle in Schwarz-Weiß ausdrucken (siehe z. B. Abbildung 105) und diese mit der Farbdarstellung vergleichen, werden Sie feststellen, dass Sie von den Farbkontrasten nicht auf die Helligkeitskontraste in Schwarz-Weiß schließen können. Daraus folgt, dass Sie eine Grafik, die Sie in Schwarz-Weiß ausdrucken wollen, nicht in Farbe erstellen sollten. Arbeiten Sie stattdessen mit Schwarz und mit Grautönen. Probieren Sie zuerst aus, welche Grautöne Ihr Drucker wiedergibt bzw. welche nach dem Druck noch deutlich unterscheidbar sind. Grautöne mit einen Schwarzanteil von 80 %, 85 % und 90 % sollten Sie nicht einzusetzen, da sie sowieso schwarz erscheinen. Setzen Sie höchstens drei bis vier Grautöne ein, z. B. 10 %, 30 %, 60 % und schwarz (siehe dazu Abbildung 24). Aber auch diese Empfehlungen sollten Sie überprüfen.

In den Präsentations-Programmen gibt es die Möglichkeit, Ihre Farbgrafik am Monitor in Schwarz-Weiß zu betrachten. In PowerPoint erreichen Sie das über Datei / Seitenansicht / Optionen und in Harvard Graphics über Ansicht / schwarz-weiß Ansicht. Das ist nützlich, wenn Sie Ihre farbigen Grafiken auch als Hand-outs in Schwarz-Weiß ausgeben wollen. Meist machen Farbkontraste eine Unterscheidung verschiedener Elemente möglich, während die Helligkeitsunterschiede der Grautöne dies nicht zulassen. Dann heben sich z. B. Segmente einer Kuchengrafik nicht mehr gegeneinander ab oder ein Text ist auf einem Hintergrund nicht mehr erkennbar.

Testfolien für die Justierung des Projektors

Da wir gerade bei der Erstellung von Testmaterialien sind: Erstellen Sie auch eine Testfolie, die der Präsentator bei der Justierung des Projektors vor seiner Präsentation benutzen kann.

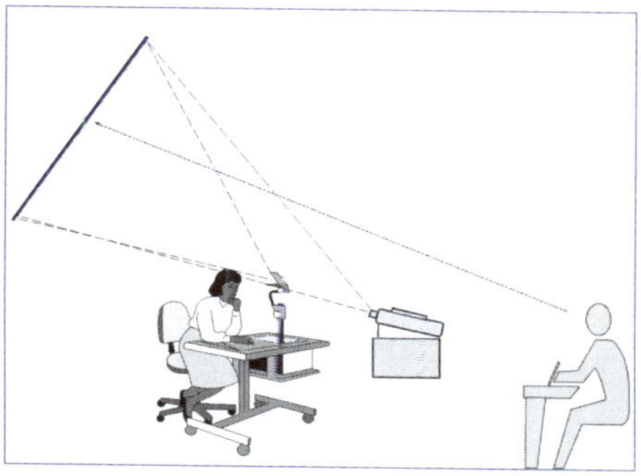

Abb. 25: Ob Overhead-, Dia- oder Datenprojektor: Die optische Achse bei der Projektion muss in einem Winkel von 90 Grad auf die Bildwand treffen.

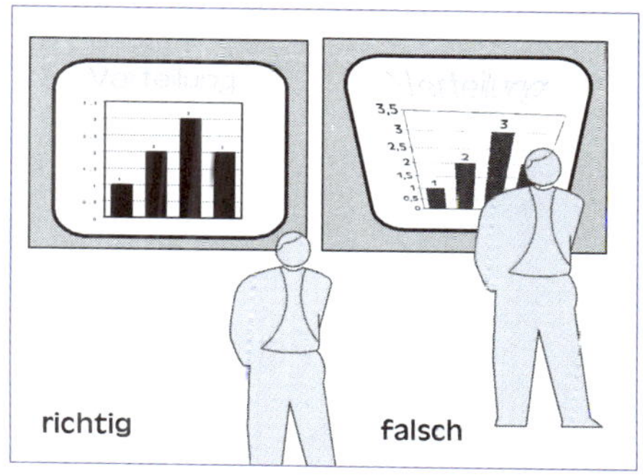

Abb. 26: Muten Sie Ihrem Publikum keine derartigen verzerrten oder unscharfen Projektionsbilder zu!

Der Projektor muss so aufgestellt werden, dass seine optische Achse mit einem Winkel von 90 Grad auf die Projektionswand trifft. Ferner muss das optische System so eingestellt werden, dass eine scharfe Abbildung gewährleistet ist.

Zeichnen Sie mit Ihrem Präsentations-Programm eine gleichmäßige Karostruktur oder setzen Sie Schriftzüge in verschiedener Größe in eine Testfolie, wie in der Abbildung 27 dargestellt. Auf diese Art und Weise können Sie zugleich überprüfen, wie es mit der Lesbarkeit Ihrer Folien unter den konkreten Projektions- und Lichtverhältnissen Ihrer Präsentation bestellt ist.

Nützlich ist es auch, sich eine Farbtabelle als Testfolie zu erstellen. Wenn Sie bei der Gestaltung Ihrer Präsentations-Materialien mit PowerPoint arbeiten, eignet sich die 40-Farben-Tabelle der Abbildung 110 recht gut zu diesem Zweck. Nehmen Sie einen Farbausdruck zur Hand und überprüfen Sie wiederholt die Farbwirkungen unter verschiedenen Projektionsbedingungen. Konzentrieren Sie sich dabei insbesondere auf einige Mischfarben wie z. B. rosa, orange, blaugrau usw. Auf diese Art und Weise lernen Sie, die Veränderungen der Farben durch die einzelnen Ausgabegeräte abzuschätzen.

Heller oder dunkler Hintergrund?

Die Grafikprogramme empfehlen Ihnen, bei Overhead-Folien einen hellen und bei Datenprojektionen einen dunklen Hintergrund zu wählen. Auf diesem Konzept sind die Farbschemata von PowerPoint aufgebaut. Folgen Sie diesen Anweisungen nicht blind. Grundsätzlich können Sie für jede Art der Präsentation einen dunklen oder einen hellen Hintergrund wählen. Prüfen Sie zuerst, ob unter den bei Ihnen vorliegenden Projektions- und Lichtverhältnissen Ihre Grafiken gut zu erkennen sind. Wenn Sie einen lichtschwachen Projektor benutzen oder das Raumlicht sehr hell ist, kann mit einem dunklen Hintergrund die Lesbarkeit Ihrer Folien herabgesetzt werden.

Abb. 27: Ein nützliches Hilfsmittel zur Justierung und Scharfeinstellung des Projektors.

Abb. 28: Bei Folien ohne Hintergrund besteht ein starker Helligkeitskontrast.

Abb. 29: Was gefällt Ihnen besser? Ein heller Hintergrund mit dunkler Schrift ...

Abb. 30: ... oder ein dunkler Hintergrund mit heller Schrift?

➔ **Prüfen Sie immer zuerst die Helligkeit, den Kontrast und die Lesbarkeit Ihrer Präsentations-Grafiken mit dem Betrachtungsabstand Ihres Publikums, ehe Sie sich für einen hellen oder dunklen Hintergrund entscheiden.**

Wenn Sie Ihre Grafiken »ohne« Hintergrund gestalten, dann nehmen diese jeweils die Farbe des Ausgabemediums an. Eine auf weißem Papier ausgedruckte Darstellung wird ebenso wie ein Projektionsbild auf eine weiße Bildwand einen weißen Hintergrund erhalten. Wenn Sie sie dagegen auf eine gelbe Wand projizieren, werden Ihre Grafiken gelb eingetönt.

Bei der Projektion auf die weiße Bildwand wird diese eher als hell und nicht so sehr als weiß erlebt. Diese Helligkeit ist je nach Beleuchtungsbedingungen oftmals hart und grell. Daher empfiehlt sich für die Overheadprojektion, die Grafiken auf der Folie mit einem hellen Hintergrund zu versehen. Ein helles Gelb ist da sehr vorteilhaft. Probieren Sie auch hier aus, welche Eintönung des Hintergrundes Ihnen zusagt.

Erstellen Sie sich Folien nach dem Muster der Abbildungen 28 bis 32. Selbstverständlich können Sie Ihre Musterfolien auch in Farbe gestalten. Sie werden die Erfahrung machen, dass für dunkle Hintergründe eigentlich nur Blau und Grautöne in Frage kommen. Rot oder Rosa erzeugt bei einer Präsentation ein bestimmtes farbliches Klima, das nicht zu jedem Thema oder jedem Unternehmen passt.
Lassen Sie die Beispiele mit den verschiedenen Hintergrundfarben, wie Sie sie in den Abbildungen der Farbbeilage finden, auf sich wirken. Wenn Sie bei Ihrer Präsentation eine ungewöhnliche Hintergrundfarbe wählen wollen, sollten Sie auf alle Fälle den Effekt unter den realen Projektionsbedingungen auf sich wirken lassen.

Bedenken Sie, dass auch hier die Wirkung der Hintergrundfarben bei den verschiedenen Medien unterschiedlich ausfallen kann.

Unerwünschtes Nebenlicht bei Overhead-Präsentationen

Wenn Sie eine Folie mit getöntem Hintergrund auf den Overhead-Projektor legen, werden Sie um die Darstellung herum ein unerwünschtes helles Projektionslicht sehen. Wenn Sie dieses Licht mit vier Papierstreifen abdecken, werden Sie von der positiven Wirkung überrascht sein. Bei Dia-, Daten- oder Monitor-Präsentationen haben Sie dieses Randlicht nicht.

Man kann dieses Problem auf zweierlei Art lösen: Entweder benutzen Sie die im Fachhandel erhältlichen Papprahmen, in die Sie Ihre Folien einkleben oder aber Sie fertigen sich eine dunkle Abdeckschablone an, die Sie dauerhaft auf dem Overhead-Projektor belassen. Die Folien legen Sie dann über den Ausschnitt. Zwei

Abb. 31: Die Folie ist von überflüssigem Streulicht umgeben.

Abb. 32: Der Papprahmen hält das Streulicht zurück.

Abb. 33: Eine Auflage aus Pappe, Kunststoff oder dünnem Metall hat die gleiche Wirkung.

aufgeklebte starke Pappstreifen dienen Ihnen als Anlegehilfe für die Folie. Wenn Sie die Abdeckschablone mit einem Bürolocher an drei Seiten lochen, dann können Sie sie durch die herausklappbaren Stifte des Overhead-Projektors fixieren. Die Löcher sollten am besten so angebracht werden, dass es möglich ist, die Schablone im Hoch- und im Querformat zu verwenden.

Formate

Wenn Sie Ihre Präsentations-Materialien mit Hilfe eines Computerprogramms erstellen, vergessen Sie nicht, dass schon die erste leere »Seite«, auf der Sie Ihre Gestaltungen beginnen, durch eine Reihe von Voreinstellungen geprägt ist. Eine dieser Voreinstellungen bezieht sich auf das Format, also die Größe der sichtbaren Druckfläche und die Randbreiten. Dadurch wird auch das Verhältnis der Seitenflächen, also der Höhe und Breite ihrer Grafik, bestimmt. Anders als bei einem Textverarbeitungsprogramm müssen Sie vor Beginn Ihrer visuellen Gestaltung sich für ein Format entscheiden. Spätere Korrekturen können unter Umständen Ihre Grafik verändern oder verzerren.

Ebenfalls vorab müssen Sie entscheiden, welche Präsentationsmedien zum Einsatz kommen werden. Wenn Sie von Ihren Grafiken Kleinbild-Dias fertigen wollen, müssen Sie das Verhältnis der langen zur kurzen Seite von drei zu zwei beachten. Wenn Sie mit einem Monitor präsentieren wollen, haben Sie es mit einem Seitenverhältnis von vier zu drei zu tun. Bei einem Ausdruck auf ein DIN-A4-Papier beträgt das Verhältnis zehn zu sieben. (Siehe dazu die Abbildung 35) Sollten Sie bei der Folienprojektion konfektionierte Rahmen benutzen, müssen Sie sich nach dieser Ausschnittgröße richten. Unser Tipp: Stellen Sie die Ränder einige Millimeter kleiner ein, so dass der bedruckte Bereich den Rahmenausschnitt etwas überragt.

Sonst sind Sie in der Wahl des Formates bei der Erstellung von Folien frei. Wir empfehlen Ihnen aber ein Seitenverhältnis von vier zu drei einzuhalten, das heißt einen druckbaren Bereich von 25 x 19 cm zu wählen (siehe dazu Abbildung 35), da dieses Format den Vorteil hat, dass Sie Ihre Grafik ohne Veränderung auch mit anderen Medien präsentieren können. Und gleichzeitig ist das Seitenverhältnis für die Bildgestaltung sehr harmonisch.

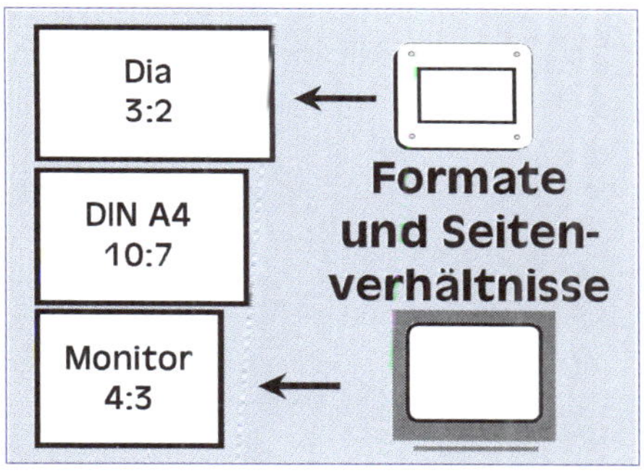

Abb. 34: Die drei möglichen Seitenverhältnisse für Präsentations-Materialien.

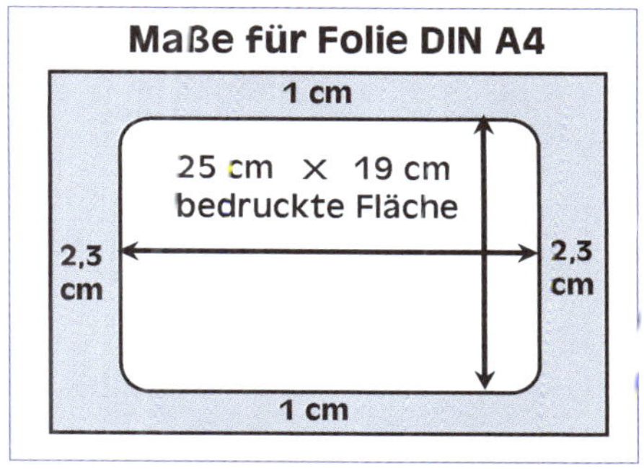

Abb. 35: Vorschlag für die Bemessung Ihrer OHP-Folien.

Wenn Sie sich für ein Format entschieden haben und es auch getestet haben, dann müssen Sie die Randbreite nur noch in Ihrem Präsentationsprogramm einstellen. Manche Grafikprogramme kennen keine Randbreite, dann wird sie in der Ausgabe, also Druck oder Projektion, festgelegt. Da hier aber nicht immer deutlich erkennbar ist, welche Einstellungen was bewirken, sollten Sie auch das ausprobieren.

Aber achten Sie darauf: Sie können zwar Ihre Präsentations-Grafiken, die Vektorgrafiken sind, vergrößern oder verkleinern, die Seitenverhältnisse müssen aber erhalten bleiben. Sie können eine DIN-A4-Grafik auf einem DIN-A3-Bogen ausgeben, aber verändern Sie niemals die Seitenverhältnisse! Dies kann zu unvorhersehbaren Veränderungen der Grafik führen.

Wenn Sie in Ihre Grafik ein digitalisiertes Bild, also eine Pixel- oder Bitmap-Grafik, eingefügt haben, können Sie die Grafik nicht wesentlich vergrößern. Das Ausmaß einer möglichen Vergrößerung hängt von der Auflösung des Bildes ab.

Teil 6
Bevor Sie beginnen: Was Sie zuerst entscheiden müssen

Bevor Sie nun endgültig beginnen können, müssen Sie sich noch über einige Dinge klar werden und ein paar Sachen noch ausprobieren.

Hoch- oder Querformat?

Zu Beginn der Erstellung Ihrer Präsentations-Materialien müssen Sie sich für ein bestimmtes Format des zu gestaltenden bzw. zu bedruckenden Bereichs und für die Randgröße in Ihrem Präsentations-Programm entscheiden. Wenn Sie mit dem Monitor präsentieren

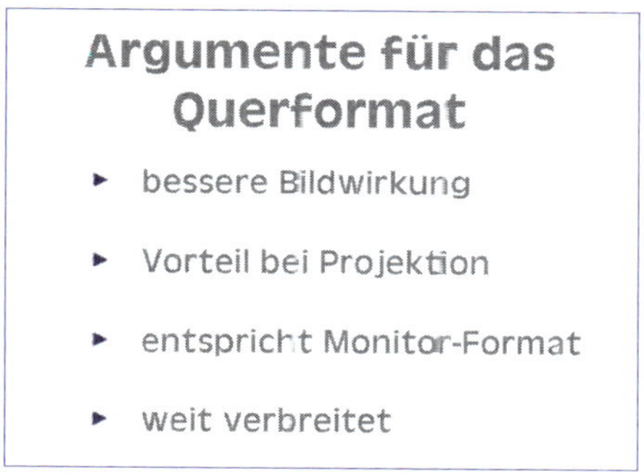

Abb. 36: Argumente für das Querformat.

Abb. 37: Bei Abbildungen dieser Art ist ein Querformat angezeigt.

wollen, sind Sie auf das Querformat festgelegt. Wollen Sie einen Flip-Chart-Vortrag halten, müssen Ihre Poster im Hochformat gestaltet werden. Tisch-Flip-Charts dagegen lassen sowohl eine Hoch- wie auch eine Querformatpräsentation zu (DIN A3 und A4). Auch beim Einsatz von Projektions-Medien sind Sie in der Wahl frei.

Für Folien- und Diaprojektion ist das Querformat aus folgenden Gründe zu empfehlen:

1. Es eignet sich für viele Grafikdarstellungen weitaus besser.
2. Mit dem Projektor lässt sich das Bild höher und damit besser sichtbar projizieren.
3. Die Vorlage lässt sich auch über Monitore und Datenprojektoren darstellen.
4. Das Querformat ist für Präsentationszwecke stark verbreitet.

Für ein Hochformat spricht, dass es der Lesegewohnheit angemessen ist und manche Objekte besser im Hochformat darzustellen sind. Wenn Sie von Ihren Präsentations-Materialien zugleich auch ein Hand-out fertigen wollen, so ist das Hochformat hierfür besser geeignet.

→ **Wichtig: Sie sollten innerhalb einer Präsentation niemals Hoch- und Querformate bei einem Medium ohne erkennbaren Grund mischen.**

Abb. 38: Argumente für das Hochformat.

Abb. 39: Hier ist das Hochformat passender!

Welches Ausgabegerät?

Wie wir im vorigen Kapitel dargestellt haben, sollten Sie immer vom Ausgabegerät in der Beurteilung der Gestaltungswirkung ausgehen. Ob Sie auf einem Farbdrucker, Laserdrucker, Belichter oder in einer Direktpräsentation Ihre Grafiken ausgeben, macht für die Format- und Farbgestaltung einen erheblichen Unterschied. Also entscheiden Sie zuerst:

- Soll die Ausgabe der Grafiken auf Papier oder Folie erfolgen?
- Ist eine Präsentation in Schwarz-Weiß oder in Farbe vorgesehen?
- Werden die Darstellungen alle durch Computerprogramme hergestellt oder in Kombination mit fertigen Vorlagen?
- Ist eine Direktbelichtung der Dateien vorgesehen? Dann sollten unbedingt vorher Proben angefertigt werden.
- Sollen die Darstellungen über einen Datenprojektor oder Monitor direkt präsentiert werden?

Vorgaben beim Erstellungsauftrag

Anzahl der Fernreisen, die im Winter durchgeführt werden

im Monat	nach Fernost	in die Karibik
Oktober	1800231	2019876
November	1987635	2600235
Dezember	1687235	2711000
Januar	1212786	1499000
Februar	1897364	2101984
März	1201586	1910858

Abb. 40: Eine Zahlentabelle als Grundlage für einen Gestaltungsauftrag

Wenn Sie eine andere Person mit der Erstellung Ihrer Präsentations-Materialien beauftragen, sollten Sie mit dieser absprechen, welche Vorgaben Sie machen und welche Freiheiten für die Gestaltung Sie dieser Person einräumen. Sofern die oder der Beauftragte die Regeln, die wir in diesem Buch niedergelegt haben, beherrscht, können Sie sehr wohl einen gewissen Spielraum der Gestaltung zugestehen.

Übermitteln Sie aber nicht nur die Aussageinhalte, sondern auch, welche Ziele die Präsentation hat, welches Publikum zu erwarten ist, wie das Umfeld aussieht usw. Wenn ein audiovisueller Vortrag rein allgemein informieren und motivieren soll, ist das Präsentationsmaterial ganz anders zu gestalten, als wenn es um die Übermittlung detaillierter Informationen für Entscheidungszwecke geht.

Farbiger Hintergrund

Die Wirkung heller oder dunkler Hintergründe bei Präsentations-Materialien haben Sie bereits kennen gelernt. Beachten Sie, dass von der Hintergrundfarbe bestimmte Stimmungen und Assoziationen ausgehen: Zartrosa ist sicherlich eher für eine Kosmetikfirma geeignet, graublau eher für ein Stahlunternehmen usw. Bedenken Sie aber auch, dass Sie, wenn Sie eine kräftige Hintergrundfarbe einsetzen, diese nicht mehr für die Gestaltung der Grafik verwenden können: Bei einem blauen Hintergrund können Sie keine blaue Schrift oder blaue Segmente in Ihrer Kuchengrafik verwenden. Beispiele finden Sie in Abbildungen der Farbbeilage.

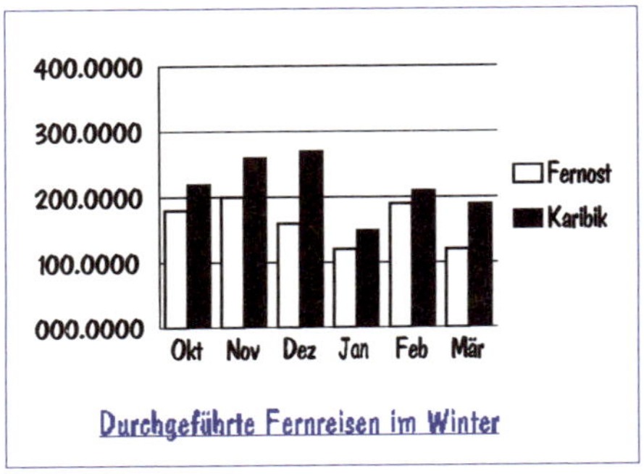

Abb. 41: Eine Skizze schränkt die Gestaltungsfreiheit für denjenigen, der die Präsentations-Materialien erstellen soll, unnötig ein.

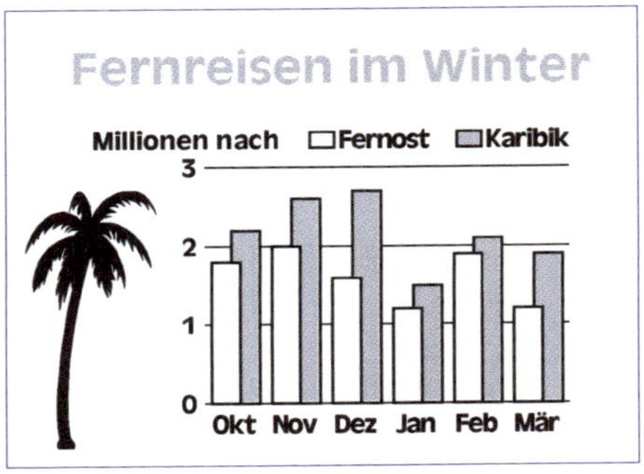

Abb. 42: Eine Gestaltung mit den Daten der Abbildung 40, die anders ausgefallen ist als die Skizze.

Corporate Identity

Ihrem Unternehmen ist in der Regel ein bestimmtes Logo zuzuordnen und es wird in seiner Darstellung nach außen bestimmte Farben und Schriftenarten verwenden. Diese Merkmale sollten sich auch auf den Präsentations-Materialien wiederholen. In manchen Firmen ist die Gestaltung von Präsentationsfolien in einer Mustervorlage festgeschrieben.

Bei der Gestaltung der Präsentations-Materialien für Fernmedien ist Vorsicht im Umgang mit diesen Merkmalen oder Logos unbedingt notwendig. Bei Nahmedien wie Prospekten, gedruckten Informationsmaterialien, Anzeigen u. a. kann es sinnvoll sein, viele Merkmale zugleich zu verwenden: ein ausführliches Firmenzeichen, einen Slogan, ein Rahmen, eine bestimmte Schriftart und ein immer wiederkehrendes Bild. Nahmedien können durch selbst gesteuerte Aufmerksamkeit selektiv erfasst werden. Bei Fernmedien unterliegt der Zuschauer viel stärker einem allgemeinen Lesezwang. Die wahrgenommenen Informationen können weniger gut selektiv »überlesen« werden. Wenn Präsentations-Materialien für Fernmedien zu üppig mit Merkmalen der Corporate Identity angereichert werden, besteht die Gefahr der Ablenkung und Überforderung der Wahrnehmenden.

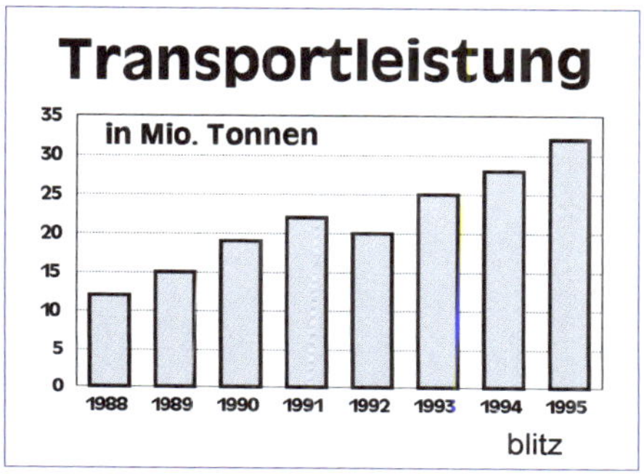

Abb. 43: *Ein Diagramm mit einem dezenten Firmenlogo.*

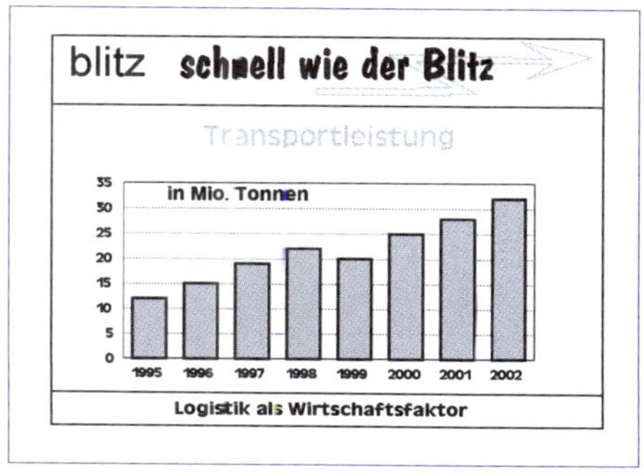

Abb. 44: Das Firmenlogo wird fälschlicherweise zur Überschrift, die missverständlich ist.

Denken Sie daran, nur sparsam mit den Design-Merkmalen der Corporate Identity umzugehen. Ein kleines, aber noch gut erkennbares Logo in der rechten unteren Ecke ist viel wirkungsamer.

Teil 7
Warum visualisieren? Wie visualisieren? Was visualisieren?

Präsentationen und Vorträge werden heute überwiegend audiovisuell durchgeführt. Die verbale Darstellung des Vortragenden wird durch visuelle Aussagen ergänzt, unterstützt oder kontrastiert. Von dem Sinn und Nutzen derartiger Visualisierungen müssen Sie sicherlich nicht erst überzeugt werden, denn wenn Sie zu diesem Buch gegriffen haben, wollen Sie ja bereits visuelle Präsentations-Materialien erstellen.

Ziele der Visualisierung

1. Zuhörer motivieren
2. Behalten erleichtern
3. Verständnis ermöglichen
4. Informationen betonen
5. Feed-Back erhalten

Abb. 45: Jede Gestaltung von Präsentations-Materialien ist auf eines oder mehrere dieser Ziele auszurichten!

Ziele einer Präsentation

Wenn Sie sich die Frage stellen »Wie soll ich meinen Vortrag visualisieren?«, dann müssen Sie zuerst klären, was das visuelle Präsentationsmaterial bei dem Publikum bewirken soll. Es lassen sich hier verschiedene Wirkungen unterscheiden und damit unterschiedliche Visualisierungsziele differenzieren.

1. Ziel: Zuhörer motivieren

Eine visuelle Darstellung kann das Ziel verfolgen, das Publikum zu motivieren. Dies kann sowohl durch den Inhalt als auch durch die Form (schöne Farben, aufwändige und attraktive Präsentationsmedien) erfolgen. So dient unsere Abbildung 1 in diesem Buch dazu, Interesse zu wecken. Sie hat an sich aber keinen besonderen Informationsgehalt.

2. Ziel: das Einprägen von Informationen erleichtern

Eine Visualisierung kann aber auch dem Ziel dienen, die Wahrnehmung dieser Information zu erleichtern und das Einprägen von Informationen zu unterstützen. Abbildung 45 ist dafür ein Beispiel. Insbesondere die wiederholt präsentierte Themenübersicht in einem Vortrag dient diesem Ziel (siehe Abbildung 60).

3. Ziel: Verständnis ermöglichen

Manche Informationen sind derart komplex und kompliziert, dass sie verbal schwer oder gar nicht zu vermitteln sind. Hier ermöglicht die Visualisierung erst das Verständnis. In diesem Sinne ist auch der Satz zu verstehen: »Ein Bild sagt mehr als tausend Worte!« Wichtig bei einer Visualisierung ist, dass sie dann auch der reinen verbalen Darstellung überlegen ist und nicht selbst wieder erklärt werden muss.

Abbildung 46 ist dafür ein gutes Beispiel: Hier wird mittels einer Kurve die Veränderung des Wachstums des Bruttosozialproduktes von 1958 bis 1980 dargestellt. Eine zweite Kurve zeigt in Beziehung dazu die Stimmungsschwankungen der Bevölkerung. Der Vergleich beider Kurven zeigt, und zwar sehr viel leichter und schneller als dies verbal machbar wäre, den Zusammenhang zwischen der Stimmung der Bevölkerung und den realen Wirtschaftsbedingungen.

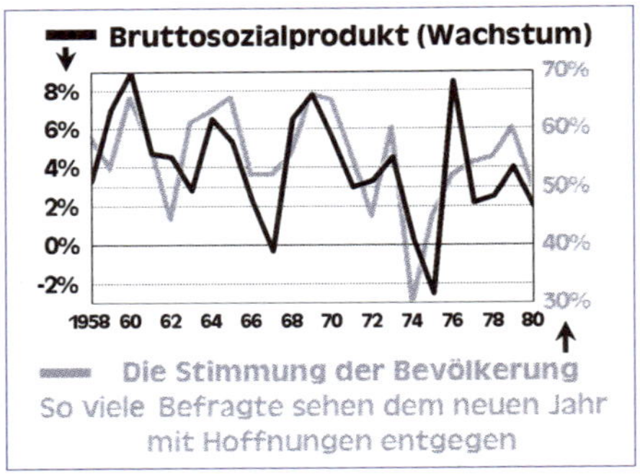

Abb. 46: Visuell leicht zu überblicken: der Zusammenhang zwischen dem Wachstum des Bruttosozialproduktes und der Stimmung der Bevölkerung.

4. Ziel: Informationen betonen

Innerhalb einer Präsentation oder eines Vortrages lassen sich durch eine Visualisierung bestimmte Inhalte besonders hervorheben. Das gesprochene Wort ist flüchtig. Die visuelle Darstellung kann sehr viel länger präsentiert und dadurch eine Aussage besonders nachhaltig hervorgehoben werden. Das Aussprechen des Satzes »Nur wer ständig trainiert, bleibt dauerhaft fit!« dauert höchstens 5 Sekunden. Die Visualisierung, hier Abbildung 37, lässt sich jedoch mehrere Minuten lang zeigen. In dieser Zeit kann der Vortragende seinen Appell durch weitere Argumente verbal untermauern.

Abb. 47: Derartige Flip-Chart-Impulse können eine Teilnehmergruppe aktivieren.

5. Ziel: Feedback bekommen

Bestimmte Präsentationsmedien sind gut geeignet, das Publikum zur Mitarbeit und Rückmeldung zu veranlassen. Besonders hervorzuheben sind Pinwand-Methoden und der Flip-Chart-Einsatz. Wer diese so genannten »Moderationstechniken« einsetzen will, sollte ein Trainings-Seminar besuchen oder Literatur, wie im Anhang aufgeführt, zu Rate ziehen. Abbildung 39 zeigt ein Beispiel für eine Aufforderung zum Feedback an die Teilnehmergruppe.

Die Präsentation einer Darstellung wird selbstverständlich immer mehrere Ziele zugleich verfolgen. Sie sollten sich als Vortragender oder als derjenige, der Visualisierungs-Materialien erstellt, bei jeder Darstellung vor Augen führen, welches Ziel Sie mit Ihrem »Bild« verfolgen.

➜ Gestalten Sie keine visuellen Materialien, wenn Sie nicht wissen, was Sie mit der Visualisierung bezwecken wollen.

Deshalb sollten Sie sich bei der kritischen Beurteilung Ihrer Präsentations-Materialien immer die folgenden fünf Fragen stellen und sorgfältig beantworten:

1. Ist diese Darstellung in der Lage, die Teilnehmer zu motivieren?
2. Vermag sie Wahrnehmungs-, Verstehens- und Erinnerungsprozesse zu erleichtern?
3. Ermöglicht sie das Verständnis eines Sachverhaltes, der sonst nicht so leicht einsichtig wäre?
4. Hat die Darstellung die Aufgabe, besondere Aussagen zu betonen?
5. Ist durch die Visualisierung eine Feedback-Wirkung beabsichtigt?

Wie lassen sich Informationen visualisieren?

Gedanken, Sachverhalte oder Ereignisse mit Worten zu beschreiben, haben wir schon in der Schule ausführlich geübt und das nicht nur in den so genannten »Sprachfächern«. Aber eine Aussage visuell umzusetzen, ist uns relativ unvertraut.

»Visuelle Kommunikation« ist ein eigenes Fachgebiet des Grafik-Designs. Wenn Sie planen, Präsentations-Grafiken zu erstellen, wollen und können Sie kein Grafik-Studium beginnen. Daher sollen hier auch keine komplizierten Begriffe und Definitionen stehen. Es ist für Ihr Ziel, gute Präsentations-Materialien zu erstellen, auch unerheblich, zwischen Grafiken, Diagrammen, Illustrationen, Piktogrammen und Bildern zu unterscheiden.

→ **Denken Sie bei der Erstellung Ihrer Präsentation daran, nicht nur Texte zu schreiben, sondern Informationen auch in Diagramme und Bilder umzusetzen.**

Drei Arten der Visualisierung lassen sich grob für die Erstellung von Präsentations-Materialen unterscheiden: Texte, Grafiken und Abbildungen.

1. Texte

Durch Textgrafiken können Sie konkrete und abstrakte Aussagen »sichtbar« machen. Beispiele finden Sie in den Abbildungen 57, 62 oder 65. Auch Zahlen und Tabellen gehören in die Kategorie »Textgrafik« (siehe Abbildung 68).

2. Grafiken und Diagramme

Formen, Farben und Strukturen können Zeichen oder Symbole darstellen:

Ein Pfeil ist ein Symbol für Richtung, Bewegung oder Beziehung. Eine Linie unterstreicht, hebt hervor oder trennt. Ein Kreis mit Segmenten wird als eine Kuchengrafik verstanden, mit deren Hilfe Größen und Mengen dargestellt werden können. Zwei gekreuzte Linien mit Balken oder Kurven werden als ein Achsensystem verstanden, mit dessen Hilfe Zahlen anschaulich gemacht werden können. Beispiele finden Sie in den Abbildungen 69 bis 75.

Die Gesamtheit der grafischen Visualisierungs-Möglichkeiten soll hier nicht beschrieben werden. Dieses Buch möchte Ihnen Anregungen für die vielfältigen Möglichkeiten grafischer Darstellungen liefern. Lassen Sie sich auch aus anderen Quellen anregen, um immer wieder neue Ideen zu entwickeln. Einen Vortrag in audio-visueller Präsentation durchzuführen heißt, neben der verbalen Darstellung auch wirklich etwas zu zeigen. Schlechte Präsentationen bestehen aus Textfolien und Textfolien und Textfolien ... Nehmen Sie sich solche Präsentationen nicht zum Vorbild. Setzen Sie Informationen in Grafiken um und Zahlen in visuellen Darstellungen.

→ Setzen Sie Größen- und Mengenangaben immer in Grafiken um.

Wollen Sie Ihrem Publikum möglichst genau über sehr viele Zahlen informieren, die sich nicht mehr präzise in einer Grafik darstellen lassen, dann wählen Sie das Medium »Hand-out«: Sie geben Ihren Präsentations-Teilnehmern die Zahlen in Form ausführlicher Tabellen in die Hand und projizieren umfangreiche Zahlentabellen nicht, weil dies keiner erfassen noch behalten kann. Geeignete Beispiele dafür sind die Abbildungen 67 bis 69.

Auch Strukturen, Abläufe und Zusammenhänge lassen sich durch grafische Darstellungen visualisieren. Ein Organisationsaufbau lässt sich mit Hilfe eines Organigramms darstellen (siehe Abbildung 61) und Zusammenhänge mit Verbindungslinien sichtbar machen (siehe Abbildung 62).

3. Bilder

Bilder, Fotos oder Zeichnungen können reale Objekte oder Personen mehr oder minder realitätsgetreu abbilden. Dabei gibt es ein weites Spektrum zwischen einer fotorealistischer Abbildung einerseits (siehe Abbildung 133) und einer auf wenige Linien reduzierten Zeichnung (siehe Abbildung 101 oder 129) andererseits.

Heute stehen Ihnen hierfür Dia-, Overhead- oder Videoprojektor zur Verfügung. Sie können ein Foto anfertigen und vorhandene Abbildungen kopieren oder einscannen. All dies ist technisch heute kein großer Aufwand und mit keinen großen Kosten verbunden.

➜ **Wenn Sie in Ihrer Präsentation »über« Objekte oder Personen reden, zeigen Sie diese auch – das heißt, zeigen Sie Bilder von den Objekten und Personen.**

Es gibt verschiedene Wege, an die Bilder zu kommen, die Sie für Ihre Präsentation brauchen.

1. Sie fotografieren die Objekte und Personen selbst. Eine kleine Digitalkamera mit ausreichender Auflösung ist leicht zu handhaben; digitale Bilder können Sie in einem entsprechenden Bildbearbeitungsprogramm leicht nachbereiten. Belichtungsfehler lassen sich in einem gewissen Ausmaß korrigieren. Wenn Sie die Bilder über einen Overhead- oder Daten-Projektor projizieren wollen, hellen Sie die Bilder so weit auf, wie es möglich ist. Um die Aufmerksamkeit Ihres Publikums bei der Wahrnehmung zu steuern, können Sie die Teile des Bildes, die unwichtig sind, durch verschiedene Retouchierwerkzeuge beeinflussen: abblenden, aufhellen oder gleichmäßig einfärben.

Abb. 48: Das Modell das Aachener Doms als Beispiel: Um ein Objekt wirkungsvoll zu präsentieren …

Abb. 49: … ist es oftmals ratsam, den Hintergrund abzublenden.

2. Sie finden Bilder für Ihre Präsentation in den Unterlagen, Prospekten und Archiven Ihres Unternehmens. Wenn die Bilder ausreichend groß sind, ist es keine große Mühe, sie mit Hilfe eines Scanners oder einer Digitalkamera in Ihre Präsentation zu übernehmen.

3. Im Internet finden Sie Bilder zu jedem Thema. Benutzen Sie eine Suchmaschine, wie etwa Google, Fireball oder AltaVista, und geben Sie unter »Bildsuche« dann präzise Stichwörter ein.
4. Bilder können Sie auch den Clip-Art-Kollektionen entnehmen. Hier finden Sie nicht nur Cartoons, sonder auch präzise Sachdarstellungen in Form von Zeichnungen und Fotos.
5. Bilder-Sammlungen auf CD-ROM sind im Handel erhältlich. Nähere Informationen dazu finden Sie beispielsweise unter www.koppmedien.de
6. Bildagenturen haben Fotos zu jedem nur erdenklichen Motiv in ihrem Angebot. In der Regel allerdings wird der Erwerb von Bildern bei Agenturen zu kostspielig sein.

Hinweis: Wenn Sie Bilder aus fremden Quellen benutzen, müssen Sie das Urheberrecht beachten. Ist ein Bild in einer Zeitschrift, einem Prospekt oder im Internet erschienen, heißt das nicht, dass Sie ohne Einwilligung des Rechtsinhabers das Bild verwenden können. Wenn Sie eine Bildersammlung auf CD-ROM kaufen, erwerben Sie in der Regel auch das Recht, diese Bilder in Ihrer Präsentation zu benutzen. Sollten Sie selbst Fotos von Personen anfertigen, müssen Sie das so genannte »Recht am eigenen Bild« der Person beachten. Also auch selbst hergestellte Bilder müssen Sie die Zustimmung der abgebildeten Person einholen. Und eine Präsentation stellt sehr wohl eine Veröffentlichung dar. Dieser Vorbehalt gilt allerdings nicht für Personen der Öffentlichkeit und auch nicht, wenn die abgebildete Person nur unwesentliches Beiwerk eines anderen Bildmotivs ist.

Zielgruppenorientierung

Wenn Sie etwas verbal beschreiben, werden Sie, je nachdem, zu wem Sie sprechen, den Sachverhalt unterschiedlich ausdrücken. Zu einem Fachkollegen werden Sie anders sprechen als zu einem Kunden, zu einem Vorgesetzten wiederum anders als zu einem guten Freund. Ebenso sollten visuelle Präsentationen zielgruppenorientiert gestaltet sein. Wenn Sie die Verkaufserfolge Ihres Unternehmens in einer Grafik darstellen wollen, können Sie diese Grafik in einer Motivationsveranstaltung für die Mitarbeiter anders gestalten als in einer Präsentation vor Kunden, denen Sie sich als leistungsfähiger Partner empfehlen wollen. Vergleichen Sie dazu die Abbildungen der Farbbeilage.

Mit Farben, Schriftenarten, Bildern und dem allgemeinen Grafikaufbau lassen sich sehr unterschiedliche Wirkungen erzeugen: dynamisch, konservativ, seriös, poppig, heiter, ernst etc. Es gibt Schriftarten, die wirken verspielt, andere wieder sehr konservativ oder supermodern. Wenn Sie eine besondere Schrift wählen, dann muss sie zu Ihrer Aussage und der Gesamtintention Ihrer Präsentation passen. Und auch die Hintergrundfarbe Ihrer Folien beeinflusst in besonderer Weise die Stimmung.

➜ **Versuchen Sie die richtige Stimmungslage für Ihrer Zielgruppe und den besonderen Anlass Ihrer Präsentation in der visuellen Gestaltung zu treffen.**

Klar und einfach

Bei vielen Präsentationen lässt sich häufig beobachten, dass die einzelnen Folien zu viele Informationen enthalten, die Schrift zu klein und der Aufbau der visuellen Gestaltung nicht nachvollziehbar ist.

➜ **Visualisierungen müssen immer klar und einfach strukturiert sein.**

Verbale Aussagen können komplex, verschachtelt und auch abstrakt sein, was nicht immer schön ist. Visuelle Darstellungen müssen aber immer »schlicht« und einfach sein, weil dies der Fähigkeit unserer Bildwahrnehmung entspricht. Bei einer Präsentation sollen die visuellen Aussagen die Wahrnehmungen und Erinnerungsprozesse unseres Publikums nicht behindern, sondern unterstützen.

➜ **Die Gestaltung des Präsentations-Materials für alle Fernmedien muss plakativ sein.**

Je weniger Elemente und je klarer der Aufbau, desto besser die Visualisierung (siehe Abbildungen 56 bis 58). Für die Visualisierung von Information gilt der Grundsatz:

➜ **Weniger ist mehr.**

Komplexe Informationen aufteilen

Wenn Sie komplexe Zusammenhänge visualisieren wollen, so dürfen Sie nicht versuchen, diese in einer Darstellung zusammenzufassen. Je nach Präsentations-Medium bieten sich für dieses Problem verschiedene Lösungen an. Bei Projektionen wird man mehrere Folien anfertigen, die jeweils einzelne Elemente des komplexen Zusammenhanges darstellen. Darüber hinaus wird es eine Verbindungsfolie geben, die man wiederholt präsentiert, um die Zusammenhänge der einzelnen Elemente deutlich zu machen. Wenn Sie die Grafikdaten Ihres Computers über Großmonitor oder Datenprojektor direkt präsentieren können, dann empfiehlt sich ein sukzessiver Aufbau des komplexen Zusammenhanges. Ähnlich wie beim Fortschritt einer Zeichnung beginnen Sie mit einfachen Grundstrukturen, die jeweils durch die Darstellung weiterer Informationen erweitert werden.

Es ist aber durchaus auch möglich, einen komplexen Sachverhalt durch spontanen Anschrieb auf einen Flip-Chart oder eine Tafel darzustellen. Die Entwicklung eines gut geplanten und richtig aufgebauten Tafelbildes wird in der Regel der Auffassungsfähigkeit des Publikums am ehesten gerecht, weil das Zeichnen und Schreiben ja sukzessive erfolgt und damit in angemessener Zeit nachvollziehbar ist.

➜ Beachten Sie bei der Gestaltung visueller Aussagen die Abfolge des Verstehensprozesses Ihrer Zuschauer.

Nahmedien kann der Leser mit selbst gesteuerter Aufmerksamkeit aufnehmen. Bei Fernmedien innerhalb einer Präsentation allerdings wird der Zuschauer durch den Aufbau der Darstellung und den Vorgang der Präsentation in seiner Wahrnehmungsabfolge geleitet. Bild- und Textinformationen müssen daher in ihrer Abfolge so dargeboten werden, wie es für das Verständnis der Sache notwendig ist.

Grundsätzlich gilt: Das Publikum tastet ein Bild mit den Blicken von oben nach unten und von links nach rechts ab. Bilder innerhalb einer Darstellung dagegen nehmen die Aufmerksamkeit zuerst in Anspruch. Noch eine Reihe anderer Faktoren spielen bei der Bilderfassung eine Rolle. Diese werden bei der Gestaltung von Plakaten und Werbemedien berücksichtigt. Für die Gestaltung Ihrer Präsentations-Grafik ist es wichtig zu wissen, dass Ihr Zuschauer in der Regel von oben nach unten und von links nach rechts die Darstellung erfasst. Versehen Sie daher Ihre Diagramme mit einer Überschrift in einer starken Schrifttype. Bei Zeitreihen und Abfolgen steht das Frühere und Ältere immer links, das Spätere und Neuere immer rechts.

Was visualisieren?

Das Verhältnis zwischen verbaler und bildlicher Darstellung ist leider in vielen Vorträgen nicht sonderlich gelungen. Der häufigste Fehler ist, dass der Vortragende seine Folien als Redemanuskript gestaltet hat, also alles aufgeschrieben hat, was er vortragen will. Somit wird seine Präsentation zu einer »Folien-Vorlesung«.

→ **Die visuelle Darstellung sollte Ihre verbale Aussage unterstützen, ergänzen und kontrastieren, nicht jedoch identisch wiederholen.**

Tipp: Wenn Sie als Vortragender am Computer Ihre Folien selbst gestalten, werden Sie im ersten Ansatz immer dazu neigen, dabei ein Vortragsmanuskript zu erstellen. Drucken Sie sich das, was hier im ersten Durchgang entsteht, aus und benutzen Sie es tatsächlich als Vortragsmanuskript anstatt als Visualisierung. Bearbeiten Sie danach in einem zweiten Durchgang die Folien auf, indem Sie sie reduzieren und visualisieren.

Was darf alles auf Ihren Folien dargestellt werden?

Was visualisieren?

- **Thema, Vorstellung, Ziele**
- **Gliederung, Aufbau**
- **Zahlen, Mengen, Größen**
- **Wichtige Argumente**
- **Komplexe Zusammenhänge**
- **Gegenstände, Objekte, Abläufe**
- **Anregende Zusätze, Pointen**
- **Handlungsappelle, Ausblicke**

Abb. 50: Diese Textgrafik ist zu komplex und bereitet Probleme bei der Präsentation während des Vortrags.

1. Thema und Titel des Vortrages, der Anlass, der Name des Redners und die Ziele der Veranstaltung (siehe dazu Abb. 59 und 60): Diese Informationen stehen dem Publikum dann »besser vor Augen«, als das bei einer flüchtigen verbalen Nennung der Fall wäre. Hierbei darf ausnahmsweise verbale und visuelle Präsentation parallel laufen.

2. Die Gliederung und der Aufbau des Vortrages: Sie sollten nicht nur am Anfang visualisiert, sondern wiederholt oder permanent präsentiert werden. Dies erleichtert dem Publikum die systematische Einordnung aller einzelnen Informationselemente. Für eine permanente Präsentation benutzen Sie Flip-Chart, Poster oder Tafel als Präsentations-Medium.

3. Zahlen, Mengenangaben und Größen: Diese eignen sich vorzüglich für die Visualisierung. Zahlen sollten möglichst nicht nur als Tabellen, sondern besser als Grafiken, Kreis, Balken, Linien oder Flächen dargestellt werden (siehe dazu Abbildungen 68 bis 78).

4. Wichtige Argumente und Aussagen: Wenn Sie diese besonders betonen wollen, sollten sie visualisiert werden. Dies kann sowohl in Schrift wie auch in Bildgrafiken erfolgen. Die visuelle Präsentation der Aussage erhöht die Aufmerksamkeit und ist länger präsent als die flüchtigen Worte des Vortrages.

5. Selbstverständlich sollte alles, was man sehen kann, auch visuell dargestellt werden. Personen, Objekte, Gegenstände und Prozesse gehören als Bilder in Ihre Präsentation. Vieles lässt sich durch ein Foto oder eine Zeichnung abbilden. Anderes muss erst durch Zeichen und Symbole veranschaulicht werden: Strukturzusammenhänge oder Prozessabläufe lassen sich nicht fotografieren. Hier müssen Sie eine Struktur- oder Ablauf-Grafik entwerfen. Reale Abläufe und Ereignisse dagegen lassen sich mit der Video-Kamera aufnehmen und über einen Monitor oder einem Videoprojektor einem größeren Publikum sichtbar machen. Kleinere Objekte müssen Sie nicht beschreiben oder visualisieren. Gegenstände, die man tragen kann, bringen Sie für Ihre Präsentation mit. Geben Sie den Teilnehmern etwas in die Hand – zum Anfassen, Riechen und Schmecken. Auch reale Objekte sind Präsentations-Materialien.

→ **Je größer und klarer strukturiert ein Bild ist, desto länger bleibt es in Erinnerung.**

Ein Bild ist immer lebendiger und realitätsnäher als die mehr oder minder »farblose« verbale Beschreibung. Die Fotografie stellt eine sehr realistische Darstellung eines Objektes dar. Nur das Objekt selbst, das auch mit den Händen »zu begreifen« ist, ist noch realitätsnäher.

Was visualisieren?

1. **Thema, Vorstellung**
2. **Gliederung**
3. **Zahlen, Größen**
4. **Wichtige Argumente**

Abb. 51: Die Aufteilung in zwei Darstellungen ist besser als eine einzige Grafik, wie in der Abbildung 50 gezeigt.

Was visualisieren?

5. **Komplexe Zusammenhänge**
6. **Gegenstände, Objekte**
7. **Anregende Zusätze**
8. **Handlungs-Appelle**

Abb. 52: Die Nummerierung der Listenpunkte erleichtert den Überblick.

6. Komplexe Zusammenhänge: Sie lassen sich oftmals erst durch eine visuelle Darstellung überhaupt verstehen. Das gilt insbesondere dann, wenn eine große Fülle von neuen Informationen zum Verständnis notwendig ist

und diese große Menge nicht in dieser kurzen Zeit erlernt werden kann. Kein Mensch kann mehr als sechs bis acht Informationen zugleich auffassen und verarbeiten, es sei denn, die Informationen werden durch Wiederholung erlernt. Wenn Sie von Ihrem Publikum erwarten, dass es bei Ihrem Vortrag mehr als sechs neue Informationen aufnehmen muss, um Ihre Erklärung zu verstehen, dann sollten Sie unbedingt diese Informationen visualisieren und präsentieren, denn Sie können ja in der Regel bei Ihrer Präsentation keine übenden Lernphasen, wie in der Schule oder bei Seminaren (siehe Abbildungen 61 und 62), durchführen.

7. Anregende visuelle Zusätze, Pointen oder Karikaturen: Diese können auflockernd wirken und zur allgemeinen Motivation beitragen. Wenn Sie mit derartigen Bildern vorsichtig umgehen, können Sie mit Karikaturen eine sehr positive Wirkung erreichen. Ein vorsichtiger Umgang bedeutet: Zeigen Sie nicht zu viele Cartoons, wählen Sie Karikaturen und Comic-Figuren mit Bedacht und zielgruppengerecht aus.

8. Handlungsappelle, Zielsetzungen und Ausblicke: Diese werden in der Regel am Ende Ihrer Präsentation stehen. Auch diese können Sie visuell gestalten.

Teil 8
Texte als Textgrafiken gestalten

Bei Vorträgen und Seminaren bestehen die meisten visuellen Darstellungen aus Texten. Aber wie schon gesagt: Das Visualisieren von Wörtern und Begriffen ist kein Schreiben von Texten! Darum eignet sich ein Textverarbeitungsprogramm auch nicht zur Gestaltung Ihrer Präsentations-Materialien. Schauen Sie sich die Abbildungen 53 und 54 an: Einmal wurde ein Text niedergeschrieben, das andere Mal eine Fläche gestalterisch ausgefüllt. Die Grundregeln für Ihre Textgrafiken lauten:

➜ **Stichwörter statt Sätze, eine große und fette Schrift, die gesamte Fläche raumfüllend mit Text füllen.**

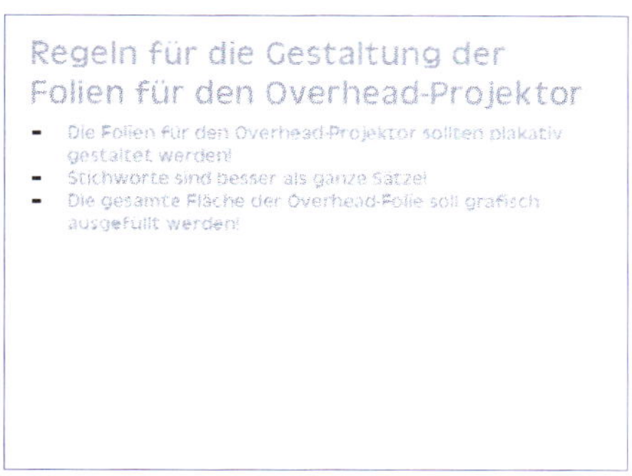

Abb. 53: Eine solche »Schreibe« stellt keine Textgrafik dar.

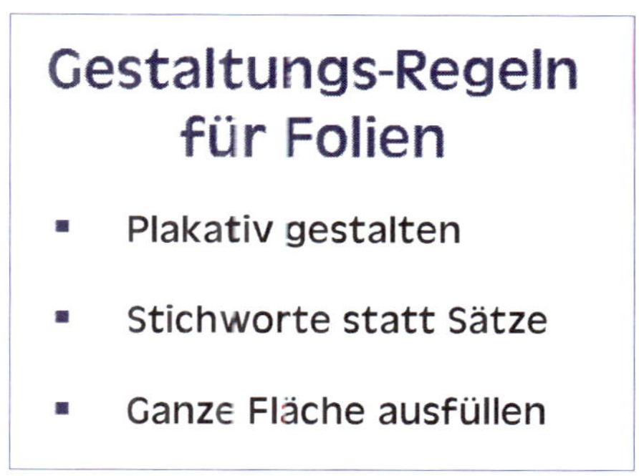

Abb. 54: Die gesamte Gestaltungsfläche ist mit großer Schrift plakativ zu füllen.

Verschiedene Typen von Text-Diagrammen

Ihr Präsentations-Programm stellt Ihnen eine Reihe von Diagrammtypen für Texte zur Verfügung: Titelgrafiken, Listengrafiken, Tabellen, Organigramme und eine freie Textgestaltung. Anders als in einem Textverarbeitungsprogramm schreiben Sie den Text in ein Textfeld, das Sie vor oder nach der Eingabe des Textes formatieren, also Schriftart, Schriftgröße, Farbe, Ausrichtung, Zeilenabstand etc.

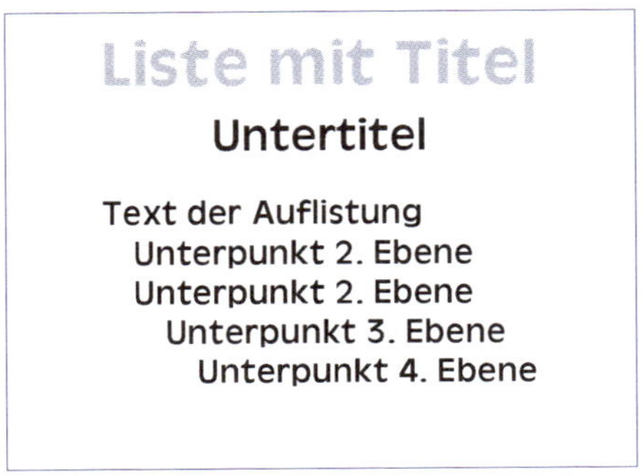

Abb. 55: Das Schema einer Listengrafik.

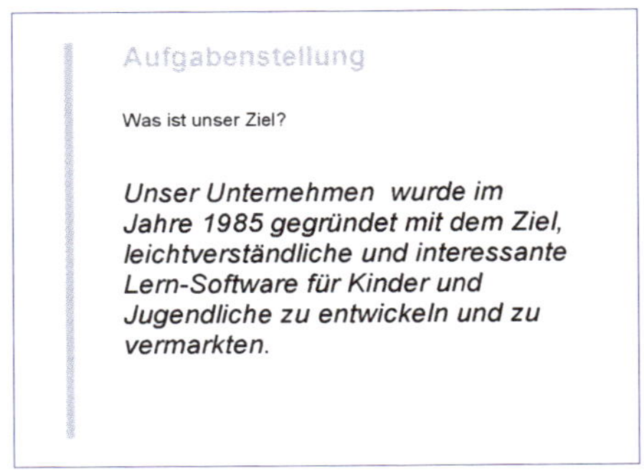

Abb. 56: Die Visualisierung eines ausformulierten Textes ist nur selten sinnvoll.

Die Visualisierung von Aussagen lässt sich vielfach in stichwortartigen Aufzählungen, also in der Form von Listengrafiken, realisieren (siehe Abbildung 57).

Es ist nur selten sinnvoll, bei einem Vortrag vollständige Sätze zu visualisieren. Eine der wenigen Ausnahmen ist die Präsentation einer präzisen Definition oder die intensive Auseinandersetzung mit einem Zitat.

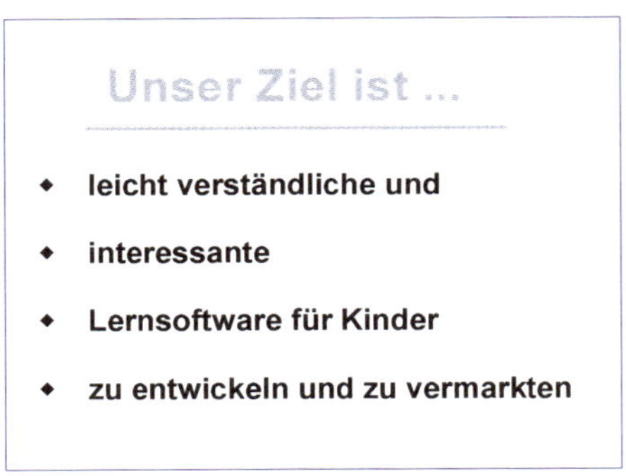

Abb. 57: Die visualisierten Stichworte werden parallel zum ausformulierten Vortrag präsentiert.

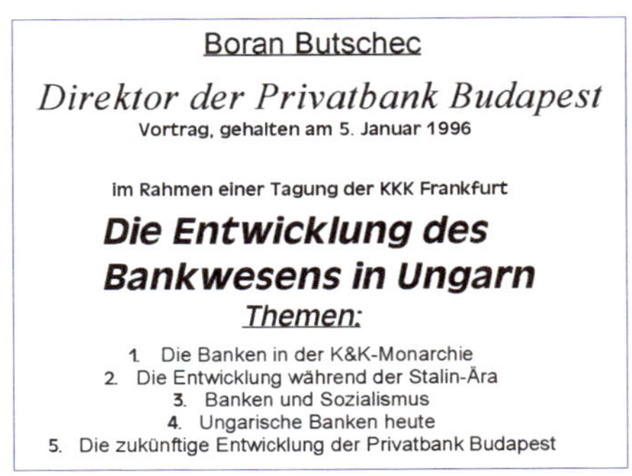

Abb. 58: Diese Textgrafik sollte besser in zwei oder drei Grafiken aufgeteilt werden.

Ein Vortragender könnte die Folie in Abbildung 56 nur noch einmal vorlesen oder das Publikum lesen lassen. Beides dient keinem der von uns oben aufgezeigten Visualisierungsziele. Abbildung 57 zeigt eine bessere Konzeption: Der Text ist auf Stichworte reduziert und die Visualisierung verfolgt die Aufgabe, das Unternehmensziel in drei wesentliche Punkte zu strukturieren und diese drei Punkte besonders zu betonen.

Jeder Vortrag bzw. jede Präsentation sollte mit der Vorstellung des Vortragenden, der Präsentation des Themas und der Gliederung beginnen. Abbildung 58 zeigt eine Darstellung, die dieses Ziel verfolgt

Der Fehler der Abbildung 58 besteht darin, dass sie zu überladen ist und zu viele Informationen auf einmal enthält. Der Name des Vortragenden und der Titel des Vortrags ist für eine Folie vollkommen ausreichend (siehe Abbildung 59). Sollte es wichtig sein, den Vortragenden noch näher vorzustellen, so sollte das auf einer eigenen Folie geschehen. Besser wäre es jedoch, wenn nicht der Vortragende selbst sich vorstellt, sondern eine andere Person, z. B. der Veranstalter der Tagung, dies tun würde. Da die einzelnen Themen des Vortrages sicherlich nicht nur am Anfang, sondern im Laufe der Präsentation mehrfach gezeigt werden sollen, kommen sie auf eine eigene Folie (siehe Abbildung 60). Eine solche Gliederung lässt sich durch verschiedene Techniken optisch ausgestalten: Auf dem Overhead-Projektor können die Gliederungspunkte durch eine Overlay-Folie abgehakt oder abgeblendet werden. Bei einer Projektion über einen Beamer können Sie die Animationstechniken des Präsentationsprogramms einsetzen.

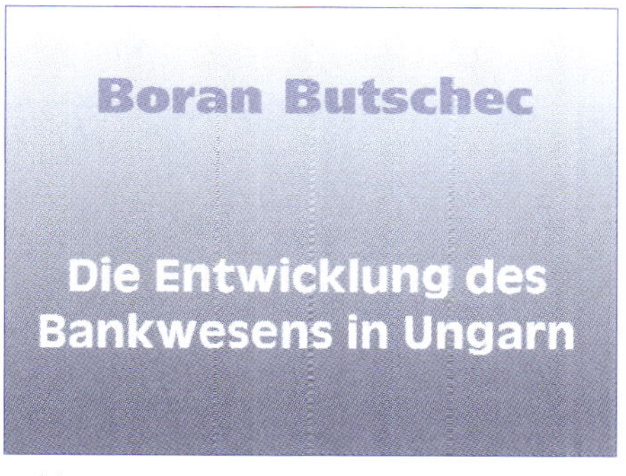

Abb. 59: Der Name des Vortragenden und der Vortragstitel wurden hier in einer einheitlichen Schrift plakativ gestaltet.

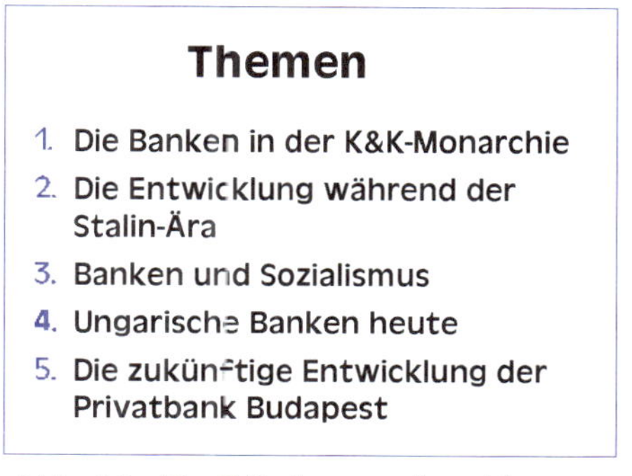

Abb. 60: Die Gliederung eines Vortrags sollte wiederholt oder permanent während der Präsentation gezeigt werden.

Organigramme und freie Textgestaltung

Organigramme stellen mit Hilfe von Kästchen und Linien einen Zusammenhang von Elementen dar. Damit lässt sich z. B. der Organisationsaufbau eines Unternehmens visualisieren oder ein Projektablauf darstellen. Die meisten Präsentations-Programme liefern hier bereits vorgefertigte Schablonen, die lediglich ausgefüllt werden müssen. Die Erstellung des Diagramms besorgt das Programm dann selbst.

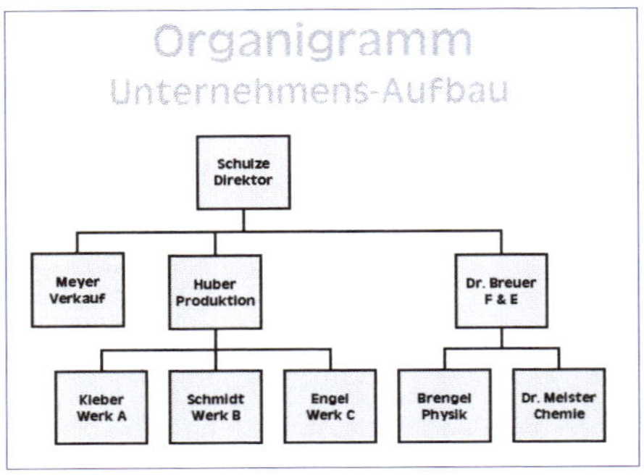

Abb. 61: *Organigramme stellen einen Organisationsaufbau dar. Damit wird ein Zusammenhang von Elementen oder auch eine Struktur visualisiert.*

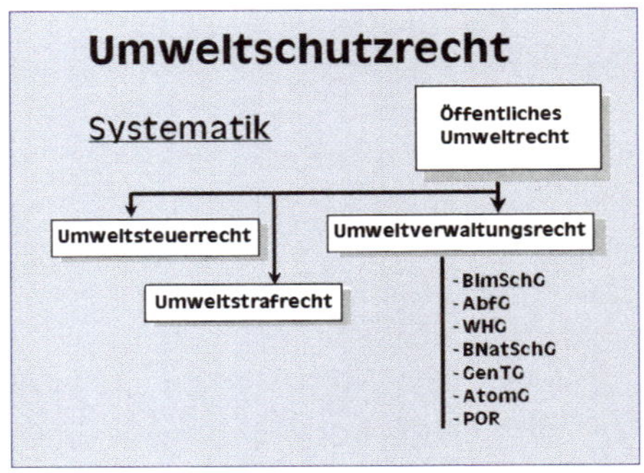

Abb. 62: *Mit Hilfe von Kästchen, Linien und Pfeilen lassen sich Systeme und Strukturen anschaulich darstellen.*

Aber beachten Sie, es macht einen Unterschied, ob Sie ein Organigramm als Hand-out oder als Folie fertigen. Das Hand-out wird durch selbst gesteuerte Aufmerksamkeit mit einem Leseabstand von 30 cm betrachtet. Deshalb darf es eine große Fülle von Informationen enthalten. Eine Folie zur Präsentation mit Overhead, Beamer oder Flip-Chart wird bei Organigrammen schnell unübersichtlich, weil die Inhalte zu komplex sind und durch zu klein geratene Schrift unleserlich wird. Manchmal ist es notwendig, ein Organigramm auf mehrere visuelle Darstellungen aufzuteilen.

Wenn Sie Zusammenhänge visuell darstellen wollen, wie in Abbildung 62 die Systematik der Umweltschutzgesetze, so wird meist eine freie Textgestaltung notwendig sein. Zeichnen Sie nicht zuerst die Strukturen (Linien und Kästchen), sondern schreiben Sie zunächst die Begriffe in einer halbfetten oder fetten Schrift von mindestens 24 Punkt Größe. Verteilen Sie die Begriffe dann so auf der Gestaltungsfläche, dass Sie mit den Kästchen und Linien die Strukturen darstellen können. Sie werden dann sehen, dass nicht alles, was Sie zugleich darstellen wollen, auf eine Folie passt. Reduzieren Sie nicht die Schriftgröße, sondern verteilen Sie die Menge der Informationen auf mehrere Folien. Lesbarkeit, Schriftgröße,

Übersichtlichkeit und Erkennbarkeit sind die Maßstäbe für die visuelle Gestaltung, nicht die Komplexität des inhaltlichen Zusammenhanges.

In der Abbildung 63 wird das Kommunikationsmodell von Schultz von Thun in Form einer Listengrafik dargestellt. Die visuelle Gestaltung enthält drei gravierende Fehler: Die Überschrift ist sehr ungenau und ohne ausreichenden Abstand in den Kasten eingefügt, alle vier Wörter sind Ungetüme und wiederholen unnötig den Begriff »-aspekt« und die Silbentrennung bei zwei Begriffen ist unnötig, da genügend Gestaltungsraum zur Verfügung steht. Abbildung 64 stellt eine bessere grafische Lösung dar. Außerdem ist hier eine serifenlose Schrift verwendet worden, die plakativer wirkt. Abbildung 65 übersetzt die »vier Seiten« einer Nachricht optisch in das Bild einer vierseitigen Figur.

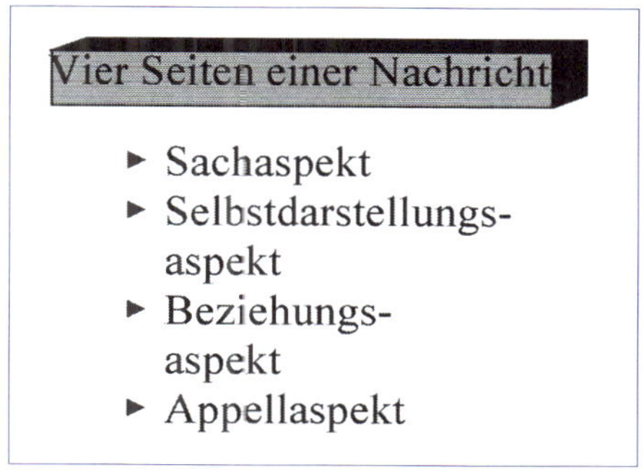

Abb. 63: Eine Textgrafik mit drei Fehlern: Unsaubere Positionierung des Rahmens, ermüdende Wiederholungen und unnötige Silbentrennungen.

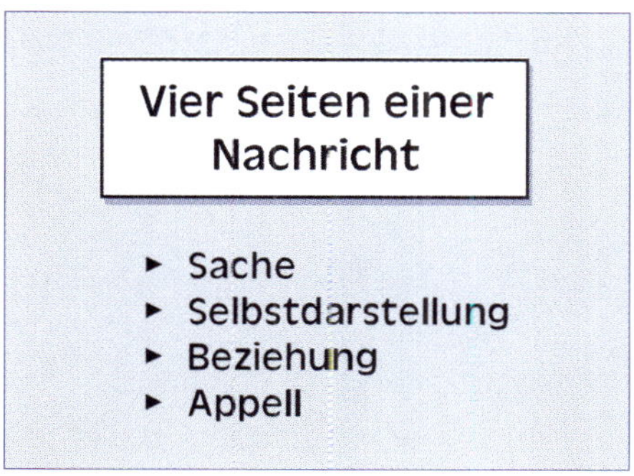

Abb. 64: Der Rahmen für die Überschrift hat nur Schmuckfunktion, keinen Aussagegehalt.

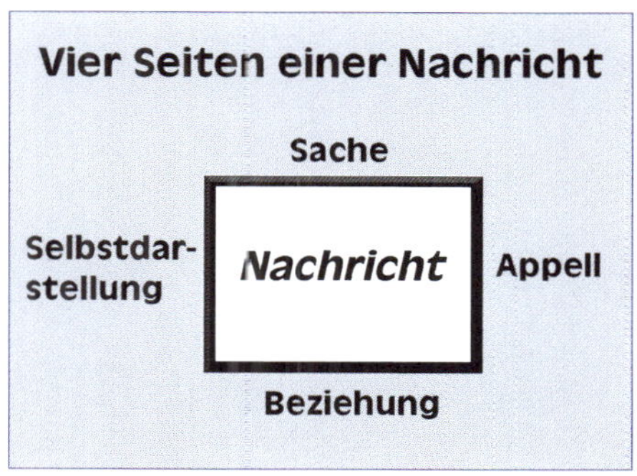

Abb. 65: Die »vier Seiten der Nachricht« sind durch vier Seiten eines Rahmens symbolisiert.

Wenn Sie Ihre Texte mit Hinterlegungen, Kästchen oder Schatten versehen, beachten Sie bitte Folgendes: Die Rahmenlinie sollte so stark sein wie die Stärke Ihrer Schrift. Der Text sollte in der Regel zentral positioniert werden mit einem harmonisch wirkenden Abstand nach oben, unten, links und rechts – in der professionellen Typographie existieren sehr genaue Abstandsregeln. Für Ihre visuelle Gestaltung von Präsentations-Materialien genügt also Ihr kritisches Gestaltungsempfinden. Der Kontrast zwischen Text und Hinterlegung sollte ausreichend groß sein. Wie schon erwähnt, lassen Hinterlegungen im Druck eine Schrift hervortreten, bei der Projektion werden sie jedoch zurückgedrängt. Wenn Sie für Ihre Rahmen oder Kästchen Schatten einsetzen, sollten diese nicht dunkler als das Kästchen selbst sein.

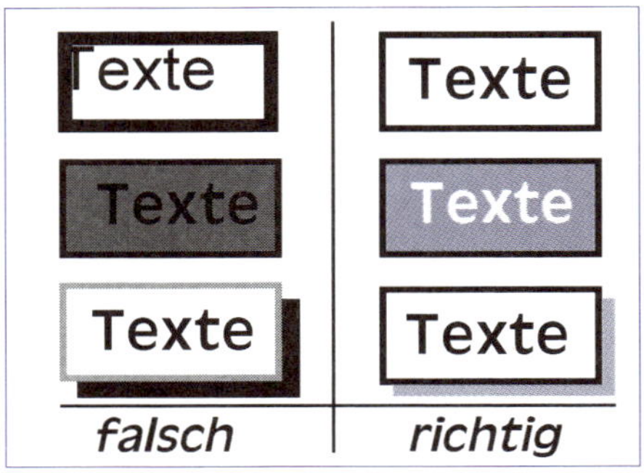

Abb. 66: Arbeiten Sie bei Rahmen um Texte bitte sorgfältig: eine saubere Positionierung, eine angemessene Stärke der Linien und einen gut wahrnehmbaren Kontrast der Schrift zum Hintergrund.

➜ **Für Ihre Textgrafiken wie auch für alle anderen Diagramme gilt: Keine Schrift sollte kleiner als 24 Punkt sein.**

Viele Präsentationen sind unerträglich langweilig, weil der Vortragende laut vorliest, was jeder für sich im Stillen schon gelesen hat. Schauen Sie sich noch einmal die Folie 56 an. Was würde Ihnen als Vortragstext dazu noch einfallen? Dann betrachten Sie die Abbildung 57 und formulieren dazu einen lebendigen Vortragstext. Bei einer Präsentation nach dem Muster der Folie 56 hört Ihnen garantiert nach zehn Minuten keiner mehr zu!

Und zum Schluss dieses Kapitel noch einmal, weil es so wichtig ist:

➜ **Schreiben Sie keine Textfolien und lesen Sie bei Ihrem Vortrag keine visualisierten Sätze vor!**

Teil 9
Zahlen als Bilder

Alle Zahlen, also alle Größen- und Mengenangaben, bieten sich geradezu für Visualisierungen an. Größenverhältnisse lassen sich sehr gut in räumliche Figuren umsetzen. Solche Figuren kann jedermann leichter erfassen als Zahlen.

Tabellen

Tabellen stellen bereits Grafiken dar, deren Inhalte in der Regel leichter zu erfassen sind als die Zahlenangaben in einem verbalen Vortrag.

Abbildung 67 stellt die Umsatz- und Gewinnzahlen von sechs Unternehmen dar. Die Zahlenkolonnen sind auf dieser Folie besonders unübersichtlich angeordnet. In der Abbildung 68 sind die Zahlen auf eine Stelle hinter dem Komma gerundet, die Spalten sind rechtsbündig angeordnet, so dass die Kommas jeweils untereinander stehen; die Gitterlinien helfen bei der optischen Orientierung und bei der Erfassung der Zeilen.

Umsatz und Gewinn im Vergleich

in Millionen Euro

	Umsatz	Gewinn
Difa AG	94,61	8,70
Tela GmbH	135,60	14,5
Schumann KG	245,69	18,7
Unitec	620,3	50,21
Netz & Nerz AG	402,92	16,5
König GmbH	209,8	2,3

Abb. 67: Die Zahlenkolonnen sind unübersichtlich angeordnet und die Zeilen mit den Augen nur schwer zu verfolgen, was sich bei der Präsentation mit einem Fern-Medium noch störender bemerkbar macht.

Umsatz und Gewinn

in Millionen Euro

	Umsatz	Gewinn
Difa AG	94,6	8,7
Tela GmbH	135,6	14,5
Schumann KG	246,6	18,7
Unitec	620,3	50,2
Netz & Nerz AG	402,9	16,5
König GmbH	209,9	2,3

Abb. 68: Das Auf- und Abrunden der Zahlen reduziert die Anzahl der Ziffern und macht die Zahlen »kleiner«.

Schauen Sie sich noch einmal die Grafik der Abbildung 68 an. Das Abrunden der Zahlen erleichtert das Ordnen der zwölf Zahlen nach ihrer Größe erheblich. Ohne die Nachkommastellen fiele es uns noch leichter.

→ **Operieren Sie bei der Visualisierung von Werten, wenn möglich, mit ganzen Zahlen.**

Wenn die Angabe von ganzen Zahlen für Ihren Präsentationszweck zu ungenau ist, dann probieren Sie aus, ob eine Nachkommastelle genügt. Sollen die Teilnehmer Ihrer Präsentation mit genauen Daten und Fakten »nach Hause gehen«, dann müssen Sie ohnehin Hand-outs mit präzisen Datenangaben anfertigen.

Balken- und Linien-Diagramme

Zahlen lassen sich aber auch sehr gut in Figuren umsetzen: Kreise, Säulen, Balken u. Ä. Die Figuren erlauben einen leichteren Vergleich der durch die Zahlen angegebenen Größenordnungen.

Das Beispiel der Abbildung 68 ist relativ komplex: Sechs Objekten (die Unternehmen) werden in zwei Gruppen (Umsatz und Gewinn) jeweils sechs mehrstelligen Zahlen zugeordnet. Um diese Komplexität zu reduzieren, bietet es sich an, zwei Grafiken anzufertigen, eine für den Umsatz und eine für den Gewinn.

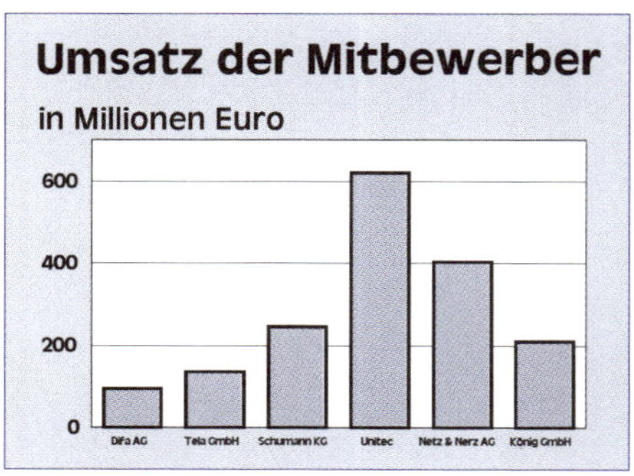

Abb. 69: Die Umsatzzahlen sind in Form einer Säulengrafik dargestellt. Auf der x-Achse stehen die Namen der Firmen.

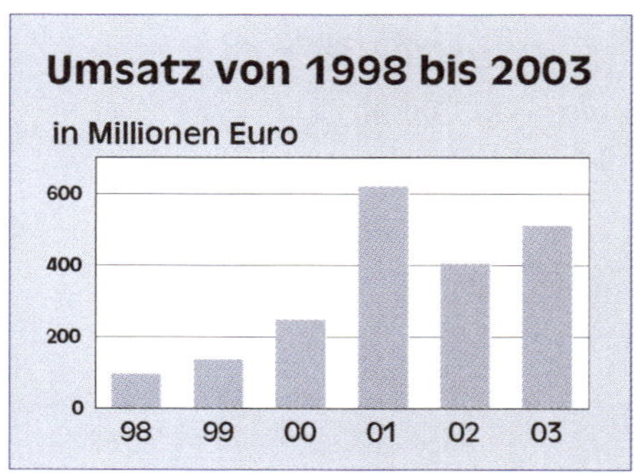

Abb. 70: Säulengrafiken werden meist für Veränderungen von Größen in einem Zeitablauf benutzt. Auf der x-Achse stehen die Jahreszahlen.

Die Abbildung 69 zeigt zunächst einmal die Zahlen für die Umsätze der Firmen in Form einer Säulengrafik. Je höher der Umsatz, desto höher die Säule.

Derartige Säulen-Grafiken sind immer dann angezeigt, wenn man Objekte oder Ereignisse auf einer x-Achse in unterschiedlichen Größen miteinander vergleichen will. Meist werden Säulen-Diagramme dazu genutzt, Zahlen innerhalb einer Zeitspanne, z. B. Jahre, Monate, Quartale oder Ähnliches, miteinander zu vergleichen (siehe Abbildung 76). Die Zeitrichtung sollte immer von links, der Vergangenheit, nach rechts, der Gegenwart oder Zukunft, verlaufen.

Kehren wir zurück zu der obigen Aufgabe, Umsätze verschiedener Unternehmen gegenüberzustellen. Die Abbildung 69 ist eine mögliche visuelle Lösung. Allerdings sind die Namen sehr schwer zu lesen, weil der Platz unter den Säulen für eine größere Schrift nicht ausreicht. Besser wäre es, dieses vertikale Säulen-Diagramm in ein horizontales Balken-Diagramm (Abbildung 71) zu verwandeln. Hier lassen sich dann an der x-Achse, die jetzt senkrecht steht, auch längere Bezeichnungen in ausreichender Schriftgröße anbringen. Hier stehen die Zahlen diesmal unmittelbar neben den Balken, so dass man auf eine Skala auf der y-Achse verzichten kann.

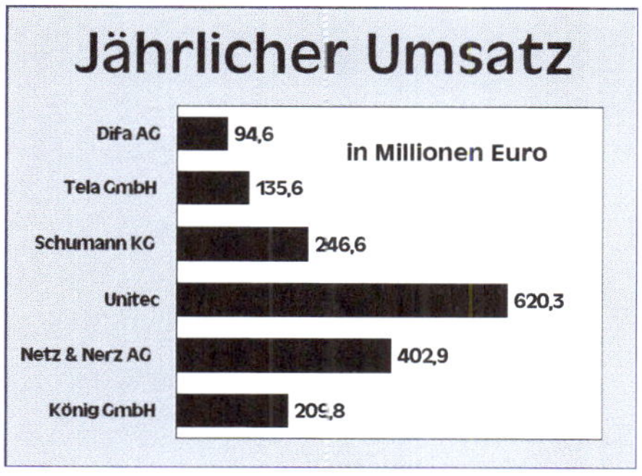

Abb. 71: Beim horizontalen Balkendiagramm sind längere Bezeichnungen besser lesbar.

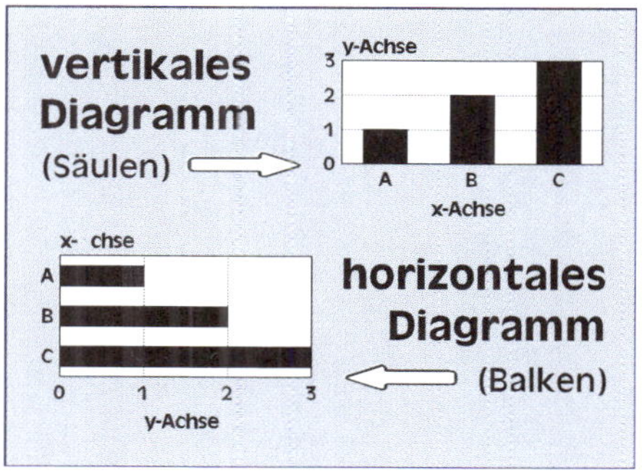

Abb. 72: Bei der Verwandlung eines vertikalen in ein horizontales Diagramm wird auch die x-Achse neu beschriftet.

Bitte beachten Sie, dass sich bei der »Drehung« des Diagramms einiges verändert: Die x-Achse liegt jetzt nicht mehr waagerecht, sondern senkrecht, und sie wird nicht mehr von links nach rechts (also vom Schnittpunkt der Achsen her) beschriftet, sondern von oben nach unten, das heißt also zum Schnittpunkt der Achsen hin. Wenn Sie in Ihrem Präsentations-Programm eine solche Veränderung vornehmen, »drehen« Sie nicht etwa Ihre Grafik um 90 Grad, sondern lassen Sie durch einen entsprechenden Programmbefehl eine neue Grafik erstellen.

Beim Vergleich einzelner Objekte sind Linien- oder Kurvengrafiken äußerst ungeeignet. Die Abbildung 73 ist ein Beispiel für eine eindeutig falsche Visualisierung. Die Werte der Umsätze verschiedener Firmen mit einer Kurve zu verbinden, ergibt keine sinnvolle Aussage. Die visuelle Sprache von Kurven besagt: Hier wird das Auf und Ab von kontinuierlichen Werten dargestellt. Fiebertemperaturen, die Zu- und Abnahme des Umsatzes eines Unternehmens innerhalb eines Zeitruams und Ähnliches sind Anwendungsbereiche für Kurvendiagramme, wie in Abbildung 74 dargestellt.

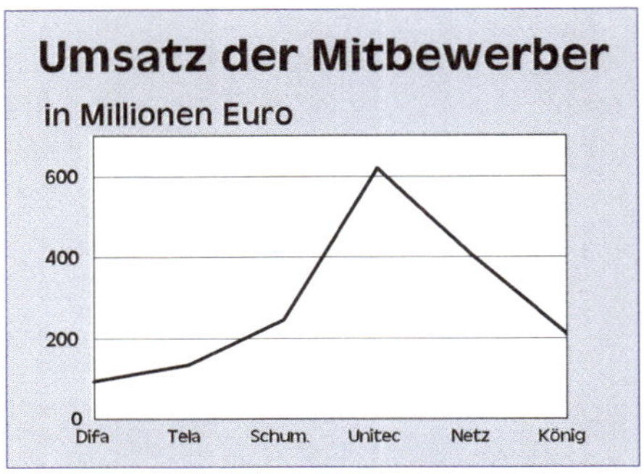

Abb. 73: Eine falsche Visualisierung: Einzelne, unabhängige Objekte, hier der Umsatz der Unternehmen, dürfen nicht durch Linien »verbunden« werden.

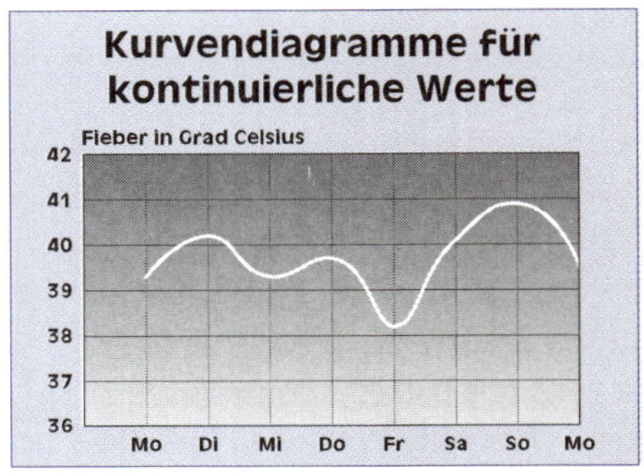

Abb. 74: Kurvendiagramme sind nur für die Darstellung kontinuierlich sich verändernder Werte zulässig.

Vergleiche mehrerer Wertreihen

Kommen wir zu unserer ursprünglichen Tabelle in Abbildung 61 zurück: Hier wurden Umsätze und Gewinne verschiedener Unternehmen miteinander verglichen. Wenn Sie den Vergleich mit Hilfe einer einzigen Grafik realisieren wollen, werden Sie das Problem haben, dass die kleinen Gewinnsäulen, etwa in der Höhe von 2,3, gegenüber den großen Umsatzsäulen, in der Größenordnung von 620, nicht mehr zu erkennen wären. Sie können Gewinn und Umsatz in zwei Grafiken darstellen oder in einer Grafik mit zwei y-Achsen, die jeweils unterschiedlich unterteilt sind. Die eine Achse ist in Teilschritte von jeweils 100, die andere in solche von jeweils 10 unterteilt. Wichtig ist bei einer solchen Darstellung, dass auf den ersten Blick für jeden Betrachter deutlich wird, dass es sich um eine Grafik mit zwei y-Achsen handelt. In der Abbildung 75 wurden zur Verdeutlichung drei Gestaltungselemente eingesetzt:

1. eine Überschrift, die auf den Vergleich hinweist,
2. eine klare Beschriftung der beiden y-Achsen und
3. eine Zuordnung der Farben Schwarz und Weiß zu den Begriffen Umsatz und Gewinn damit diese beiden Dimensionen deutlich hervortreten. Eine Farbzuweisung mit bunten Farben, etwa Blau und Grün, würde die Zuordnung noch deutlicher machen, wie in Abbildung 116.

Sicher gibt es noch andere Möglichkeiten, Gewinn und Umsatz in einer Grafik visuell darzustellen. Welche Lösung für Ihr Präsentationsziel die Beste ist, müssen Sie entscheiden, wichtig ist allein, dass die Präsentation auf Ihre Aussage, Ihr Ziel abgestimmt ist.

→ **Nur das Präsentationsziel bestimmt die Art der visuellen Gestaltung einer Aussage.**

Zwei Wertreihen lassen sich auch dadurch vergleichen, dass Sie die Balken oder Säulen nicht nebeneinander stellen, sondern von einer mittleren Achse nach links oder rechts oder nach oben oder unten laufen lassen (siehe Abbildung 76). Diese Diagrammform lässt sich für die so genannte »Bevölkerungspyramide« verwenden.

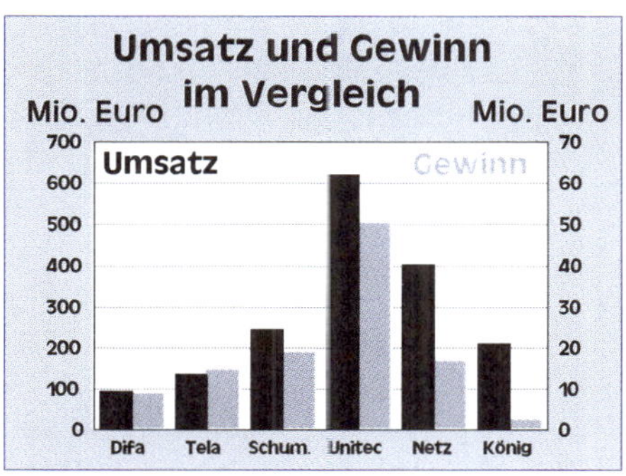

Abb.: 75: Der Vergleich von Zahlen innerhalb zweier Wertreihen durch zwei y-Achsen mit unterschiedlichen Dimensionen.

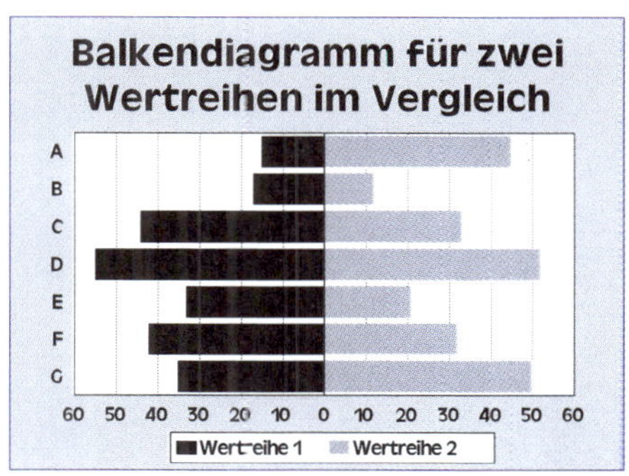

Abb. 76: Horizontale Balkendiagramme für Vergleiche.

Bisher haben wir zwei Wertreihen miteinander verglichen: Umsatz und Gewinn für mehrere Unternehmen. Wenn Sie nun die Aufgabe haben, die Umsätze von drei Unternehmen für fünf Jahrgänge zu visualisieren, dann haben Sie es mit drei oder mit fünf Wertreihen zu tun: pro Jahrgang drei Unternehmen, also drei Wertreihen, oder pro Unternehmen fünf Jahrgänge, also fünf Wertreihen. Diese Wertreihen lassen sich in so genannten gruppierten Balken- bzw. Säulen-Diagramme darstellen. Die Abbildungen 77 und 79 zeigen beide Varianten. Für welche Variante Sie sich entscheiden, hängt wiederum von der Zielsetzung Ihrer Präsentation ab.

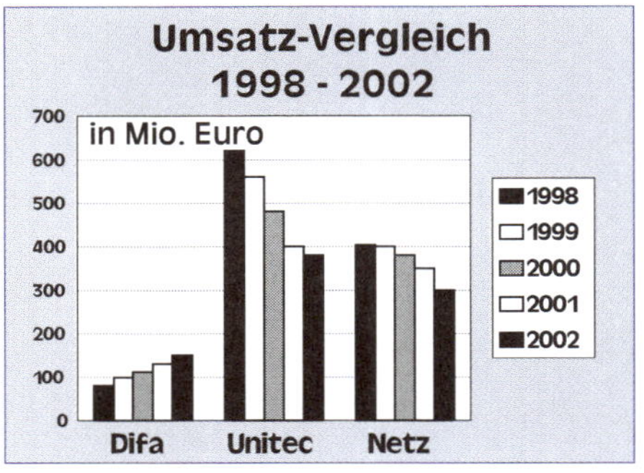

Abb. 77: Die Anordnung von Wertreihen in Gruppen. Die Überschrift ist neutral gehalten.

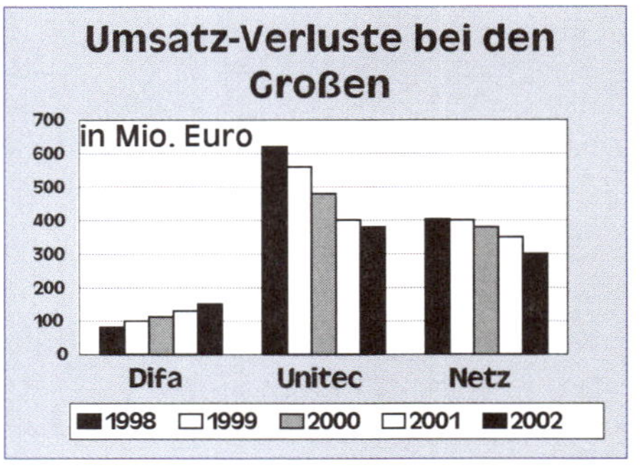

Abb. 78: Die Überschrift als wertende Stellungnahme nimmt eine bestimmte Interpretation der Grafik vor.

Bei Wertreihen in gruppierten Balken- oder Säulendiagrammen ist es unumgänglich, mit einer Legende die einzelnen Säulen näher zu beschreiben. Achten Sie bei der grafischen Gestaltung darauf, dass diese sich deutlich voneinander abheben. Sehr viel leichter als nur mit Schwarz und Weiß geht es mit unterschiedlichen Farben. Vergleichen Sie einmal die Abbildungen 77 mit der Darstellung 117. Die Legende sollte möglichst so angeordnet werden, dass dem Teilnehmer Ihrer Präsentation die Zuordnung leicht fällt.

Aber achten Sie darauf, wie Sie die Wertreihen in Ihrem Präsentations-Programm eingeben müssen! PowerPoint oder Harvard Graphics z. B. verlangen jeweils eine andere Eingabeart: Einmal müssen die Wertreihen zu den Objekten in einer Spalte stehen, in dem anderen Programm in einer Reihe.

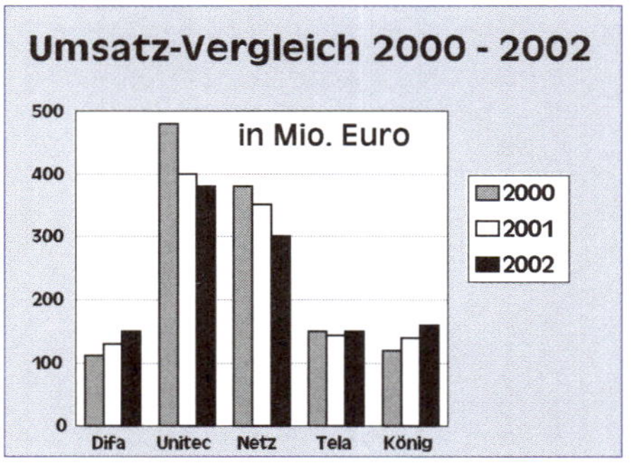

Abb. 79: Vergleichen Sie dieses Diagramm mit dem der Abbildung 77: Dort haben Sie es mit fünf Wertreihen, bezogen auf drei Unternehmen, zu tun und hier mit drei Wertreihen, bezogen auf 5 Unternehmen.

➜ Versehen Sie Ihre Grafiken mit Überschriften.

Das gilt nicht nur für Diagramme, sondern auch für Textgrafiken. Die Überschrift sollte immer klar und plakativ auf die inhaltliche Aussage der Grafik verweisen und sie sollte das Verständnis einer Grafik erleichtern.

Nun gibt es immer noch mehrere Möglichkeiten, eine Überschrift zu formulieren. Sie können mit ihr relativ neutral Fakten beschreiben oder die Schlussfolgerung aus diesen Fakten benennen. (Vergleichen Sie dazu die Überschriften der Abbildungen 77 und 78.) Sie können mit Überschriften aber auch Fragen aufwerfen, Probleme ansprechen oder Bewertungen abgeben. Das hängt jeweils von Ihrem persönlichen Vortragstil und den Zielen Ihrer Präsentation ab. Wollen Sie Ihr Publikum nur mit Informationen versorgen und die Schlussfolgerungen und Bewertungen den anderen überlassen? Wollen Sie zuerst die Fakten nennen und dann gemeinsam mit Ihren Zuhörern zu den Schlussfolgerungen gelangen? Oder wollen Sie lieber mit den Konsequenzen beginnen und dann mit Hilfe der Präsentation von Fakten diese einsichtig machen? Sie sehen, es gibt mehrere Möglichkeiten, Überschriften zu gestalten.

Teil 10
Anteile an einem Gesamt: Kreise und Stapel

Wenn Sie Zahlen durch Diagramme visualisieren wollen, müssen Sie entscheiden, welche Diagrammform für Ihre Aussage die Richtige ist. Im vorigen Kapitel wurden Balken-, Säulen- und Liniendiagramme vorgestellt, mit denen man Größen-, Zeitraum- und Wertreihenvergleiche abbilden kann. Wenn es darum geht, Anteile an einem Gesamt zu visualisieren, stellen Sie zwar auch wieder Zahlen dar, aber hierbei handelt es sich immer um Prozentanteile. Eine Prozentzahl ist stets ein bestimmter Anteil von 100.

Wenn Sie ein oder mehrere Teile von einem Gesamt zu diesem Gesamt in Verhältnis setzen und das Ganze visuell darstellen, stellen Sie auch immer eine gewisse Struktur dar. Wie etwa die Zusammensetzung eines Parlaments durch die Anteile der einzelnen Fraktionen seine »Struktur« erhält.

Kreis- oder Torten-Diagramme

Wenn Sie Teile eines Gesamts oder Strukturen visualisieren wollen, sind Kreis- oder Tortendiagramme eine geeignete Form. Mit so genannten gestapelten Säulen oder Balken können Sie ebenfalls Strukturen zeigen.

Das Kreisdiagramm zeigt die Größe von Anteilen an einer Gesamtmenge von 100 Prozent. Die einzelnen »Tortenstücke« des »Kuchens« lassen sich auch ohne Zahlenangaben relativ genau in ihrer Größenordnung abschätzen. Versuchen Sie es einmal selbst: Schätzen Sie die Größen der Segmente in der Abbildung 82. Schreiben Sie Ihre Schätzwerte auf einen Zettel und vergleichen Sie sie mit der Lösung.

(Lösung zur Abbildung 82 : Linker Kreis: A = 22 %, B = 34 %, C = 30 %, D = 15 %. Rechter Kreis: A = 18 %, B = 25 %, C = 52 %, D = 5 %.)

Die Bezeichnungen für die einzelnen Segmente können Sie in einer Legende darstellen oder aber direkt an oder in die Segmente schreiben. Achten Sie darauf, dass die Zuordnungen leicht erkennbar sind. Die Abbil-

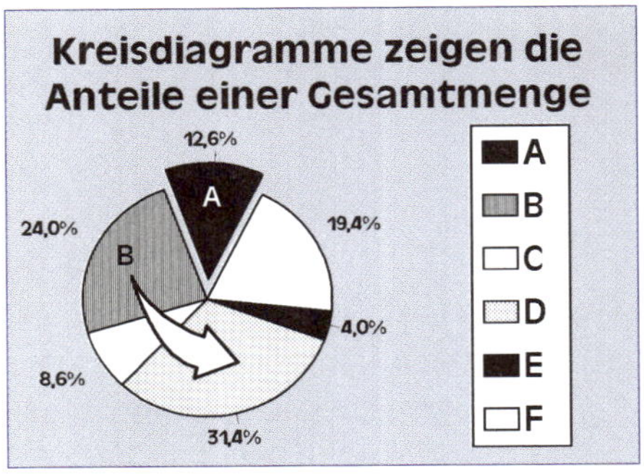

Abb. 80: Die Größen von Kreissegmenten (hier Prozentanteile) lassen sich auch ohne Zahlenangaben recht gut abschätzen. Hier verläuft die Anordnung der Segmente gegen den Uhrzeigersinn.

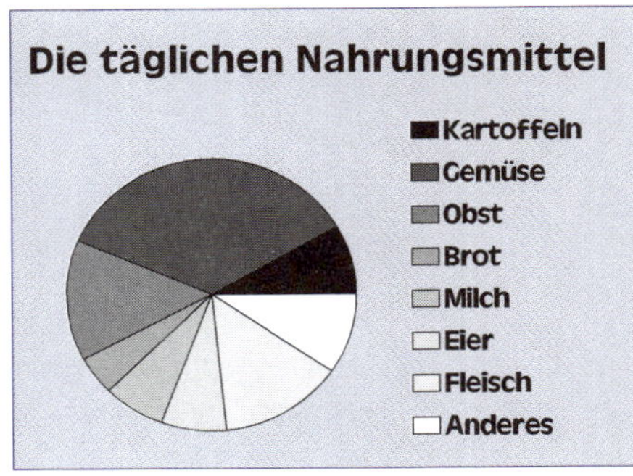

Abb. 81: Vermeiden Sie eine solche Beschriftung, denn eine Zuordnung der Werte zu den einzelnen Segmenten ist kaum möglich. Auch hier verläuft die Segmentanordnung gegen den Uhrzeigersinn.

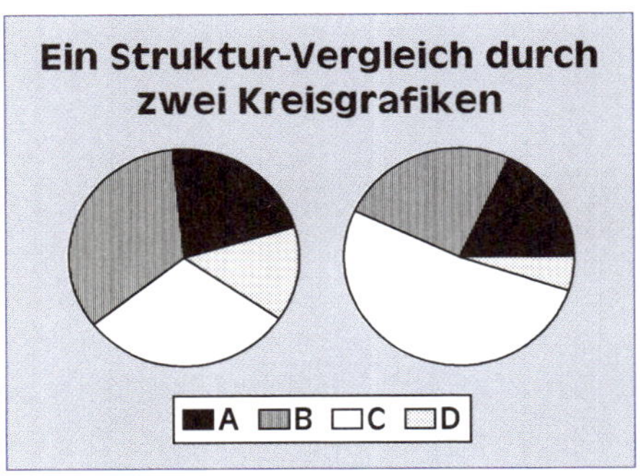

Abb. 82: Zwei Kreisgrafiken benötigen nur eine Legende. Die Anordnung der Segmente verläuft hier im Uhrzeigersinn.

dung 81 enthält zwei Gestaltungsfehler: Die Anzahl der einzelnen Segmente sollte nie sechs überschreiten, weil die Grafik sonst unübersichtlich wird. Wenn Sie mehr als sechs Elemente visualisieren müssen, stellen Sie die wichtigsten fünf heraus und fassen Sie den Rest unter »Diverses« oder »Verschiedenes« zusammen. Der zweite Gestaltungsfehler besteht darin, dass sich die einzelnen Segmente nur durch geringe Helligkeitswerte unterscheiden. Es ist so gut wie nicht möglich, im mittleren Bereich per Augenmaß eine Zuordnung zu finden. Verfahren Sie lieber so wie in Abbildung 80: Durch eine starke Kontrastierung von hellen und dunklen Tönen, die sich auch wiederholen können, ist eine Zuordnung leichter möglich.

Die automatischen Diagramm-Funktionen der Präsentations-Programme gestalten die Kuchengrafiken unterschiedlich: Harvard Graphics ordnet die Segmente gegen den Uhrzeigersinn, PowerPoint im Uhrzeigersinn. Sie können natürlich durch die Reihenfolge der Eingabe der Werte die Abfolge der Segmente umkehren. Sie können aber nicht bei der automatischen Diagrammfunktion die Anordnung der Symbole in der Legende verändern. Das Diagramm der Abbildung 80 ist mit Harvard Graphics, die Abbildung 82 mit PowerPoint erstellt. Sie sehen die Unterschiede in der Abfolge der Segmente und in der Zuordnung zur Legende.

Die Werte zur Erstellung von automatischen Diagrammen geben Sie in den Präsentations-Programmen in eine Tabelle ein. Auch hier arbeiten die Programme unterschiedlich, mal müssen Sie die Werte für die Segmente spaltenweise, mal zeilenweise eingeben.

Welche Anordnung der Segmente in einer Kreisgrafik ist »richtig«? Es spricht viel dafür, mit dem 1. Segment bei 12 Uhr zu beginnen und alle weiteren im Uhrzeigersinn anzuordnen. Das entspricht der allgemeinen Angewohnheit, Kreisbewegungen rechtsherum zu lesen. Wenn man den Kreis allerdings von links nach rechts, also gegen den Uhrzeigersinn, laufen lässt, dann hält man sich an die allgemeine Leserichtung.

Es gibt also keine richtige und falsche Anordnung von Segmenten. Gerade weil beide Anordnungen möglich sind, ist es sehr wichtig, dass die Beschriftungen der Segmente eindeutig sind. Daher seien Sie bei Kreisdiagrammen mit Legenden vorsichtig. Sehen Sie sich noch einmal das negative Beispiel der Abbildung 81 an. Die Zuordnungen bei farbigen Segmenten fällt leichter, wie in Abbildung 118. Wenn es möglich ist, vermeiden Sie Legenden bei Kreisgrafiken. Besser ist:

➜ Versehen Sie die Segmente von Kreisgrafiken mit direkten Beschriftungen.

Vergleiche von Strukturen

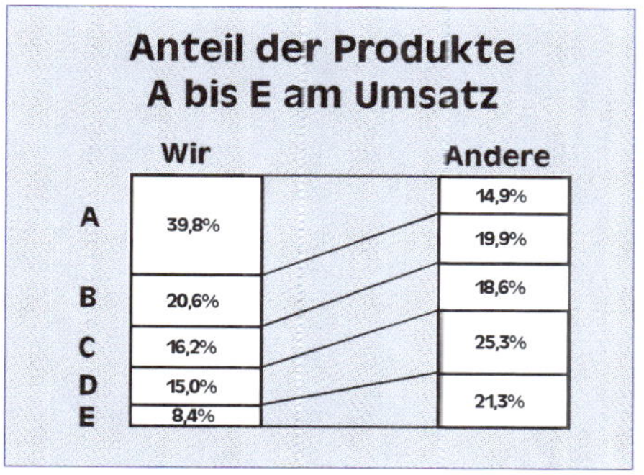

Abb. 83: Der Vergleich der Größen ist bei gestapelten Balken noch besser möglich. Eine direkte Beschriftung macht eine Legende überflüssig.

Durch zwei Kreisdiagramme können Sie auch Strukturen mehrerer Einheiten in einen Vergleich setzen: verschiedener Wahlergebnisse, die Zusammensetzung mehrerer Haushalte etc. Obgleich bei Kreisen die einzelnen Prozentanteile relativ gut abzuschätzen sind, erlaubt die Gegenüberstellung von gestapelten Balken einen noch genaueren Vergleich, wie die Abbildung 83 zeigt.

Den Diagramm-Typ »gestapelte Balken« gibt es in zwei Varianten: Einmal in der Form »100 %« und ein anderes Mal als gestapelte Balken verschiedener Wertreihen. Die Abbildungen 83 und 84 zeigen den Typ »100 %«. Mit diesen Diagrammen lassen sich, genauso wie mit Kreisdiagrammen, Anteile an einem Gesamt optisch darstellen.

Bei Darstellungen mit diesem Diagramm-Typ kann es zu Missverständnissen kommen. Die Abbildung 84 stellt den Autoexport einzelner Länder dar. Dass die Balken gleich lang sind, besagt nicht, dass alle Länder die gleiche Menge an Autos exportieren. Die 100-Prozent-Skala der x-Achse und der verbale Hinweis »Anteile von ...« lassen erkennen, dass es sich hier um den Vergleich unterschiedlicher Strukturen handelt. Sie sollte eine solche Grafik in Ihrer Präsentation kurz erläutern, um Fehlinterpretationen zu vermeiden.

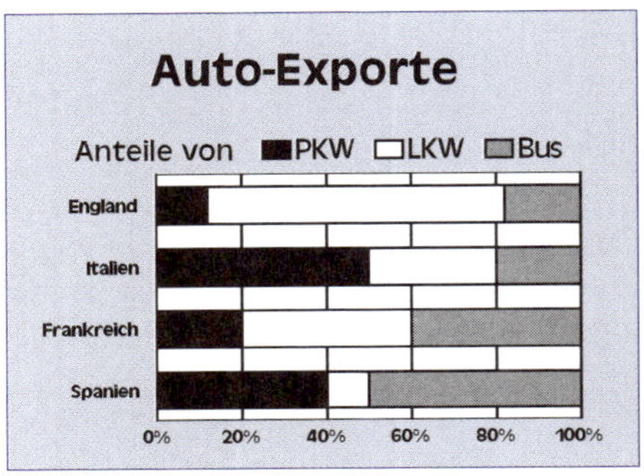

Abb. 84: Mit dieser Balkengrafik werden Prozentanteile und nicht einzelne Größen miteinander verglichen.

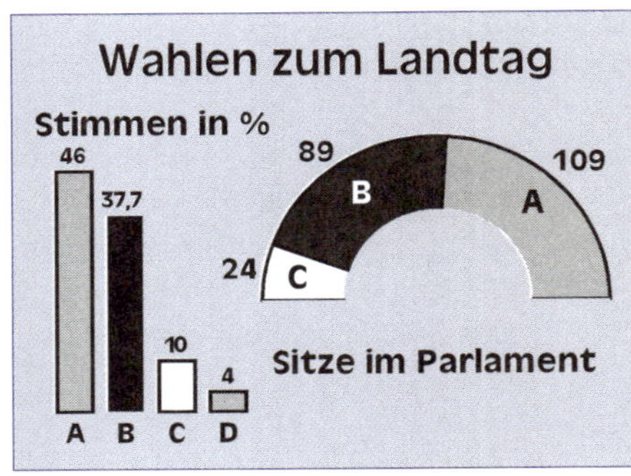

Abb. 85: Die Verteilung der Parlamentssitze wird dargestellt durch eine Halb-Kreisgrafik, die zugleich die Bestuhlung in einem Parlament symbolisch abbildet.

Bei der Erstellung von Diagrammen sollten Sie sich immer fragen, ob diese Darstellung für das Verständnis wirklich hilfreich ist. Die Abbildung 85 zeigt zwei Grafiken: ein Säulendiagramm und eine Halbkreisgrafik, die die Sitzverteilung im Parlament zeigt. Leider lässt sich aber aus beiden Grafiken nicht erkennen, dass die Partei A 46 % der Wählerstimmen erreichte und die Partei D mit ihren 4 % keinen Sitz im Landtag erhalten hat und Partei A aufgrund ihrer Überhangmandate 109 Sitze erhielt. Sind nun aber 109 mehr als 89 plus 24? Das lässt sich zwar leicht im Kopf errechnen, dass Partei A weniger als 50 % der Sitze hat, aber es ist nicht eindeutig aus der Abbildung 85 zu erkennen. Auch eine Kreisgrafik, die den Anteil der Sitze in absoluten Zahlen darstellt (siehe Abbildung 86), lässt dies nicht so einfach erkennen. Erst die Prozentangabe in dem Segment A gibt darüber Auskunft. Wenn Sie Zahlen in Grafiken umsetzen, will der Zuschauer keine Rechenleistungen vollziehen, um die dargestellten Verhältnisse zu verstehen. Die visuelle Darstellung muss einen Sachverhalt immer anschaulich präsentieren und nicht zum Nachrechnen auffordern.

Es gibt verbale und visuelle Aussagen, die eindeutig falsch sind. Es würde wohl kaum jemand behaupten: »2 plus 2 ist 5«, aber Diagramme wie in Abbildung 87 finden Sie schon häufiger. Wenn Sie eine solche Darstellung in Ihrer Präsentation zeigen und nicht alle Teilnehmer schon eingeschlafen sind, wird Sie bestimmt jemand um nähere Erklärung bitten. Eine derartige Darstellung wie in Abbildung 87 ist eindeutig falsch. Hier fehlt das Segment der Parteien, die nicht in das Parlament eingezogen sind. Die Summe aller Segmente bei Kreisgrafiken muss immer 100 Prozent betragen. Einzige Ausnahme: Die Werte geben nicht Prozentanteile wieder, sondern absolute Zahlen, etwa die Sitze im Parlament. Aber eine solche Kreisgrafik ohne Prozent-Werte wäre zumindest missverständlich.

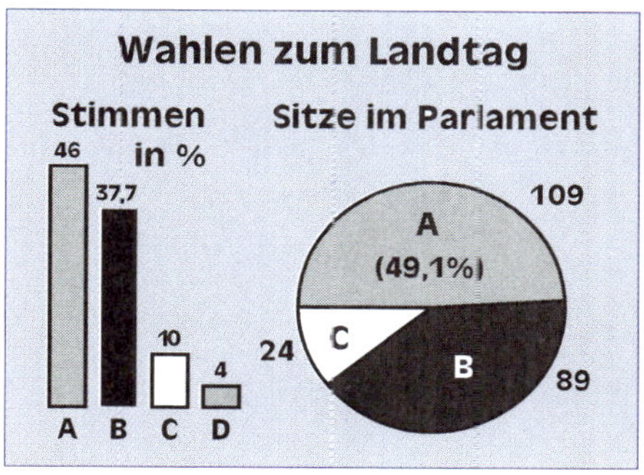

Abb. 86: Die volle Kreisgrafik ermöglicht eine leichte optische Einschätzung der Prozentanteile.

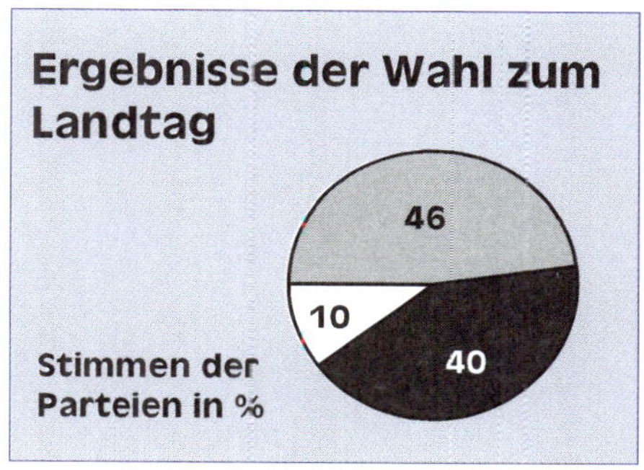

Abb. 87: Eine falsche Kreisgrafik: Die Summe aller Anteile in Prozent muss immer 100 betragen.

In diesem und in dem vorangehenden Kapitel konnten nur einige wichtige Aspekte der Übersetzung von Zahlen in Diagrammen dargestellt werden. Wer häufiger vor die Aufgabe gestellt wird, Zahlen zu visualisieren, insbesondere Wirtschaftsdaten visuell umzusetzen, dem sei das Buch von Zelasny empfohlen, das Sie im Literaturanhang finden.

Teil 11
Zweidimensional oder »3-D«?

Vielleicht ist es Ihnen aufgefallen: Unsere bisherigen Grafikbeispiele waren alle »flach«. Es fehlte das Gestaltungselement, das zurzeit modern ist: die Dreidimensionalität. Die Säulengrafik der Abbildung 43 ließe sich auch in 3-D darstellen, wie in den Abbildungen 88 und 89 gezeigt. Wie man sieht, meint »3-D« »perspektivische Darstellung«.

Perspektivische Säulen und Balken

Die 3-D-Diagramme sind nicht wirklich dreidimensional. Es handelt sich hier lediglich um die perspektivische Abbildung eines virtuellen Körpers. Dreidimensional wären Ihre Diagramme nur als reale Körper oder in der speziellen 3-D-Projektion.

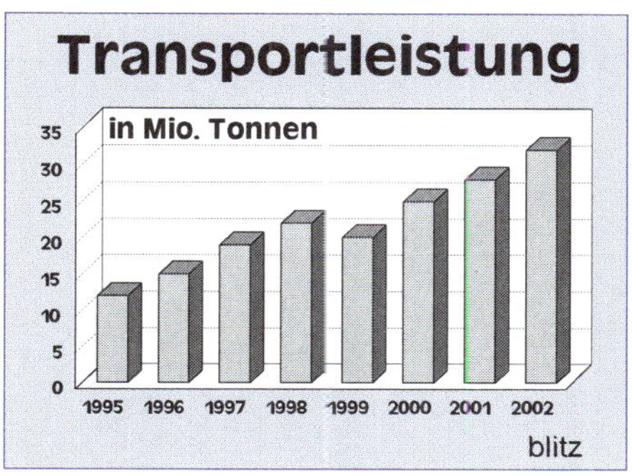

Abb. 88: Die Grafik der Abbildung 43 in »3-D«.

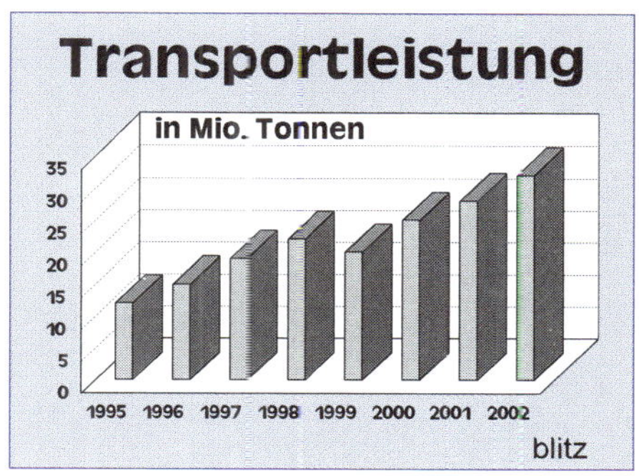

Abb. 89: Eine weitere Variation perspektivischer Darstellung.

Welche Darstellung gefällt Ihnen besser? Vielleicht neigen auch Sie dazu, die perspektivische Darstellung als die schönere Grafik anzusehen, insbesondere dann, wenn sie farbig ist und farbige Schatten enthält, wie die Abbildung 125.

Aber behalten Sie bei Ihrer Entscheidung für die eine oder andere Variante die Zielsetzungen Ihrer

Präsentation im Auge: Wollen Sie mit Ihrer Grafik vorzugsweise Ihre Zielgruppe anregen und motivieren oder eher detailliert informieren? Wenn Sie die Abbildungen 88 und 43 miteinander vergleichen, werden Sie feststellen, dass Sie bei der perspektivischen Darstellung der Balken an der y-Achse die Werte nur sehr ungenau ablesen können. Die Säulen stehen in einem perspektivisch gezeichneten Raum. Der Betrachter neigt dazu, bei der Abschätzung der Höhe der Säulen sich nicht an der Hintergrundfläche zu orientieren. Dies kann zu falschen Ergebnissen führen. Versuchen Sie selbst einmal, die Werte in der Abbildung 88 oder 89 und dann in der Abbildung 35 abzulesen.

Sie sehen also, dass die perspektivische Darstellung von Diagrammen sich nicht für die Vermittlung genauer Informationen eignet. Wenn es in Ihrer Präsentation aber nicht auf exakte Daten, sondern nur um einen allgemeinen Überblick über Größenordnungen geht, dann können Sie auch die 3-D-Darstellung wählen. Sie sollten das dann aber konsequent für alle Diagramme Ihrer Präsentation durchhalten. Wollen Sie jedoch eine 3-D-Gestaltung mit der Präsentation exakter Informationen verbinden, dann bietet sich eine Lösung nach dem Muster der Abbildung 92 an.

→ Die Zielsetzung Ihrer Präsentation beeinflusst die Art der Gestaltung Ihrer Grafiken.

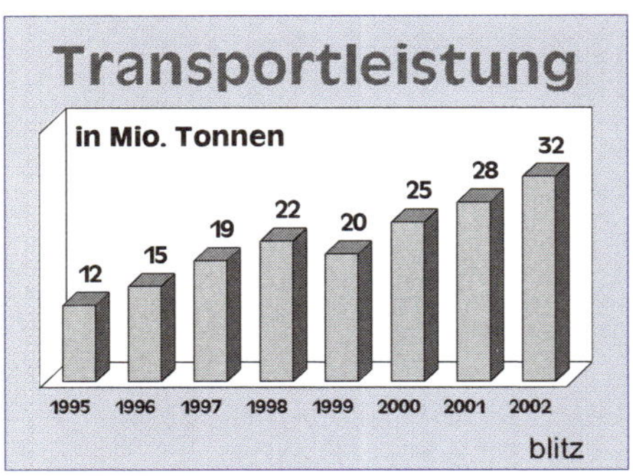

Abb. 90: Da hier die einzelnen Säulen beschriftet sind, können die Zahlenwerte auf der y-Achse entfallen.

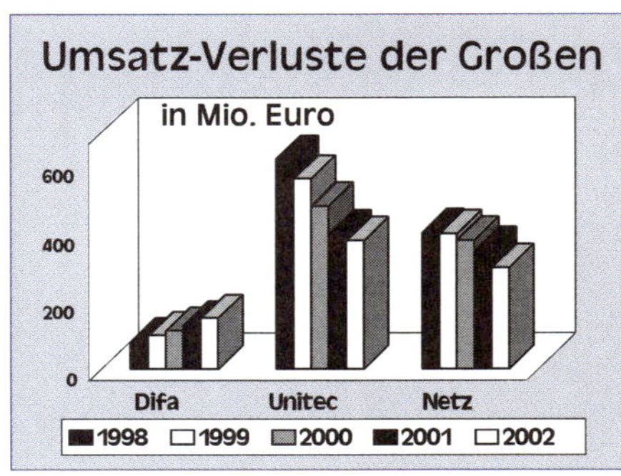

Abb. 91: Wenn es nur auf die Darstellung eines allgemeinen Trends ankommt, können genaue Zahlenangaben auch hier entbehrlich sein.

Oftmals geht es bei Präsentationen oder Vorträgen auch nicht um genaue Daten, sondern um die Darstellung allgemeiner Tendenzen. Abbildung 83 ist ein Beispiel dafür: Die allgemeine Aussage lautet: »Die großen Firmen haben Umsatzeinbußen erlitten, die kleine Firma Umsatzsteigerungen.« Hier kommt es nur auf die allgemeinen Dimensionen an. Genaue Umsatzzahlen der einzelnen Jahre spielen in diesem Zusammenhang keine Rolle. Für diesen Zweck kann eine Grafik in dieser Form genau die Richtige sein.

Noch eine Anmerkung zu Abbildung 91: In diesem Beispiel sind alle Werte in Euro umgerechnet, obgleich der Euro 1995 noch kein gültiges Zahlungsmittel war. Wenn Sie internationale Vergleiche anstellen, werden Sie niemals Dollar, Pfund und Euro miteinander vergleichen, sondern immer auf eine Währung umrechnen. Diesen Bezug sollten Sie in Ihrer gesamten Präsentation durchhalten. Wählen Sie die Einheiten, in denen Ihr Publikum denkt. Das gilt nicht nur für Währungen, sondern auch für Maße, Gewichte und Temperaturangaben. Sicherlich kennen die Teilnehmer Ihrer Präsentation angelsächsische Maßeinheiten, aber damit problemlos umzugehen, ist gewiss nicht leicht. Als Präsentator sollen Sie bei Ihrem Publikum eine anschauliche Vorstellung von dem erzeugen, über das Sie reden. Und zu diesem Zweck kann es, selbstverständlich immer auf Ihr Publikum abgestimmt, auch notwendig sein, Währungen, Maße und Gewichte in vertraute Dimensionen umzurechnen.

Linien werden zu Bändern und Kreise zu Torten

Wenn Sie Linien und Kurven perspektivisch darstellen, werden sie zu Bändern. Der Vergleich der Abbildungen 92 und 93 zeigt, dass eine solche dreidimensionale Darstellung besonders ungenau ist. Die wesentliche Information dieser Grafik besteht darin, den Schnittpunkt von sinkender Arbeitslosigkeit und steigendem Preisindex sichtbar werden zu lassen, also den Schnittpunkt der beiden Kurven. Die

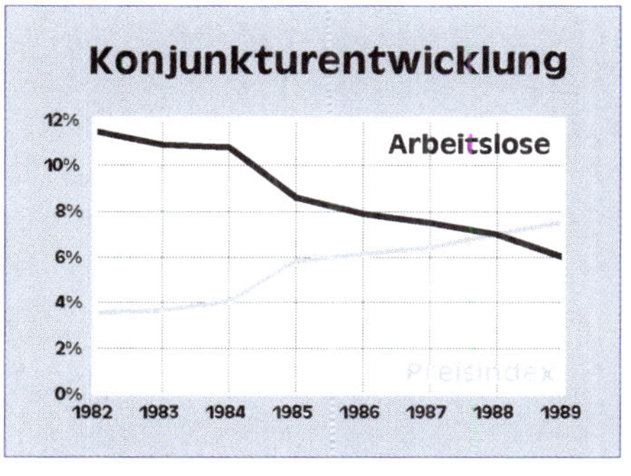

Abb. 92: *Die Liniengrafik mit Raster erlaubt ein gutes Ablesen der Zahlen. Der Schnittpunkt beider Kurven ist deutlich zu erkennen.*

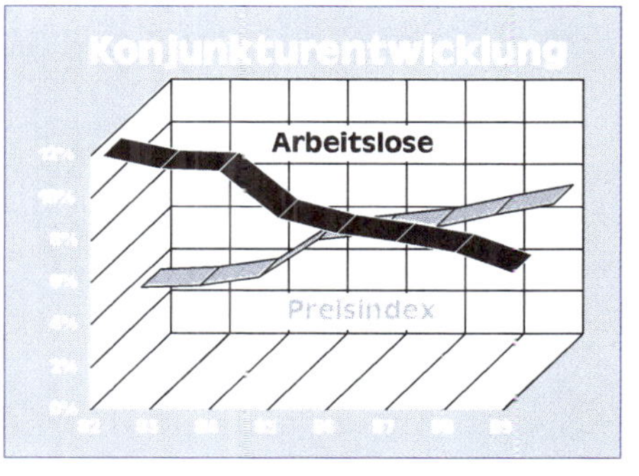

Abb. 93: *Die 3-D-Grafik, in der Linien als Bänder dargestellt sind, visualisiert nur eine sehr vage Information: »Zwei Kurven schneiden sich.«*

dreidimensionale Form lässt den Schnittpunkt nicht mehr erkennen. Die einzelnen Werte sind nur zu erahnen, keinesfalls jedoch genau abzulesen. Die 3-D-Grafik mag hier im ersten Eindruck attraktiver erscheinen, ihr Informationsgehalt ist jedoch außerordentlich gering. Wenn es Ihnen nur darauf ankommt, auszudrücken, dass sich beide Kurven irgendwann und irgendwo einmal schneiden, dann mag eine solche Darstellung, wie in Abbildung 93, interessant sein. Für eine derartige allgemeine Aussage sind aber dann die Zahlenangaben auf den Achsen entbehrlich.

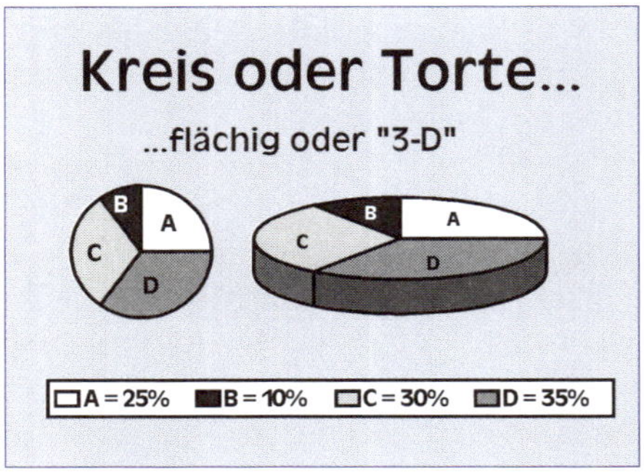

Abb. 94: Bei der zweidimensionalen Kreisgrafik lassen sich die Größen der Segmente besser abschätzen als bei der dreidimensionalen Kuchengrafik.

Im vorherigen Kapitel hatten wir gesehen, dass die Größen der Segmente von Kreisgrafiken gut abzuschätzen sind. Ein Segment von 25 Prozent oder 50 Prozent ist auch ohne Zahlenangaben in seiner Größenordnung leicht zu erfassen. Wenn Sie Kreise perspektivisch, also in der 3-D-Form, darstellen, dann werden daraus Torten. Dann ist es aber auch viel schwerer, wenn nicht gar unmöglich, die Größe der einzelnen Tortenstücke ohne Zahlenangaben zu erkennen.

Und noch einmal zur Erinnerung: Mischen Sie innerhalb Ihrer Präsentation nicht zweidimensionale und dreidimensionale Darstellungen miteinander.

Vor- und Nachteile der 3-D-Darstellungen:

Perspektivische Diagramme wirken oftmals attraktiv und erwecken den Eindruck einer professionellen Grafik. Sie sind gut geeignet, um allgemeine Tendenzen zu visualisieren. Es gibt aber Schwierigkeiten, wenn Sie genaue Informationen übermitteln wollen. Mit einigen Grafiktypen in 3-D ist es so gut wie unmöglich, detaillierte Informationen zu vermitteln. Mit perspektivischen Grafiken werden Informationen verzerrt. Vergleichen Sie dazu noch einmal die beiden Diagramme der Abbildung 94. Wenn Sie mit 3-D-Grafik ungenaue oder falsche Informationen vermitteln, kommen Sie leicht in den Verdacht, Ihr Publikum manipulieren zu wollen. Sollten Ihre Zuhörer diesen Eindruck gewinnen, haben Sie ein gutes Stück Vertrauen verspielt.

Sie können durch die grafische Gestaltung bestimmte Aussagen, Meinungen oder Bewertungen betonen oder hervorheben. Versuchen Sie aber nicht, Ihr Publikum zu täuschen. Es wird Ihnen nur selten gelingen, denn es gibt immer einige Personen, die Ihre Manipulation durchschauen!

Teil 12
Rahmen, Pfeile und Symbole zur Orientierung und Motivation

Rahmen, Linien und hinterlegte Flächen können dazu dienen, verbale und visuelle Informationen zu strukturieren, zusammenzufassen oder abzugrenzen. Wenn Sie einmal zurückblättern: In der Abbildung 64 wurde eine Überschrift hervorgehoben, in Abbildung 65 die Nachricht eingerahmt und in den Abbildungen 61 und 62 Zusammenhänge durch Linien und Kästchen hergestellt.

Corporate Identity bei Präsentationen

In manchen Unternehmen ist es üblich, für Präsentationsfolien ein einheitliches Schema zu entwickeln, etwa in der Form der Abbildung 95. Seien Sie vorsichtig, wenn Sie Rahmen und Linien bei Präsentations-Materialien verwenden, die projiziert werden. Die Wirkung von Rahmen ist im Druck anders als bei Projektionen. Wenn Sie die Linien in der Abbildung 95 betrachten, haben Sie den Eindruck, dass sie eine Grafik oder einen Text einrahmen und zusammenfassen. Wenn Sie aber eine derartige Abbildung als Folie projizieren, werden Sie eher den Eindruck haben, dass die Linien die hellen Flächen durchschneiden und die Darstellungsfläche somit unnötig zerteilt wird. Die helle Projektionsfläche wird bereits durch das dunklere Umfeld eingerahmt. Daher sollte die Projektionsfläche nicht noch weiter unterteilt werden.

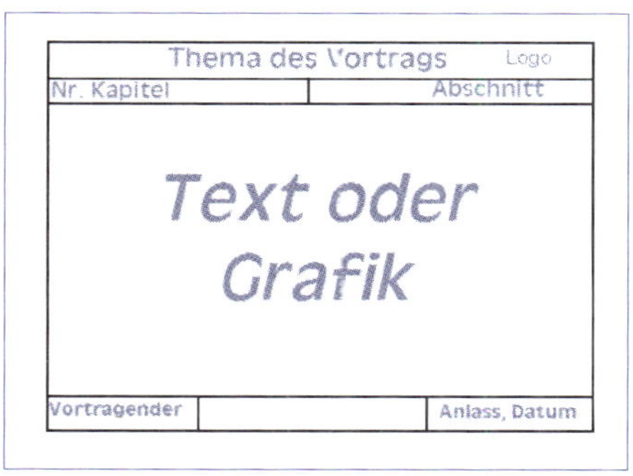

Abb. 95: Eine solche Strukturierung ist für einen gedruckten Text möglich. Für Folien sollten Sie ein derartiges Rahmen-System nicht verwenden.

Sie können eine solche Struktur für ein Hand-out verwenden. Sie sollten jedoch Ihre Folien für die Projektion keinesfalls nach diesem Muster gestalten. Alle

Randbemerkungen und Randlinien drängen sich dem Zuschauer hier unnötig auf, lenken vom Wesentlichen, dem Inhalt, ab und verkleinern die Darstellungsfläche für die wichtigen Informationen.

Eine dezente Anreicherung von Grafiken mit Linien, Kästchen oder hinterlegten Flächen ist sicherlich möglich. Die Abbildung 96 zeigt die wichtigsten Gestaltungselemente. Seien Sie jedoch vorsichtig mit diesen Stilmitteln. Rahmen enthalten in der Regel keine Informationen, sondern dienen lediglich der Verschönerung. Ihr Computerprogramm stellt Ihnen eine Fülle solcher grafischen Elemente zur Verfügung. Die Gefahr ist groß, zu viele Elemente einzusetzen. Damit ginge die positive Wirkung verloren und die Gestaltung sähe allzu amateurhaft aus.

Wenn Sie optische Gestaltungselemente ohne Informationsgehalt einsetzen, prüfen Sie immer am ausgedruckten Original oder an der projizierten Folie, ob diese nicht zu Irritationen führen können. Sie wollen mit Linien, Flächen, Hinterlegungen oder Rahmen Ihre Folie verbessern, wenn Sie die Wirkung ihrer Grafik aber kritisch prüfen und feststellen, dass diese Elemente dazu führen, die Erfassung des Informationsgehaltes zu erschweren, dann sollten Sie davon Abstand nehmen. Ihr Publikum könnte dann Fragen stellen wie: »Was soll diese ‚Kiste' da bedeuten?« Oder: »Ist in diesem ‚Topf' etwas drin?« Spätestens dann merken Sie, dass die zur »Verschönerung« eingesetzten Balken und Säulen zu visuellen Missverständnissen geführt haben.

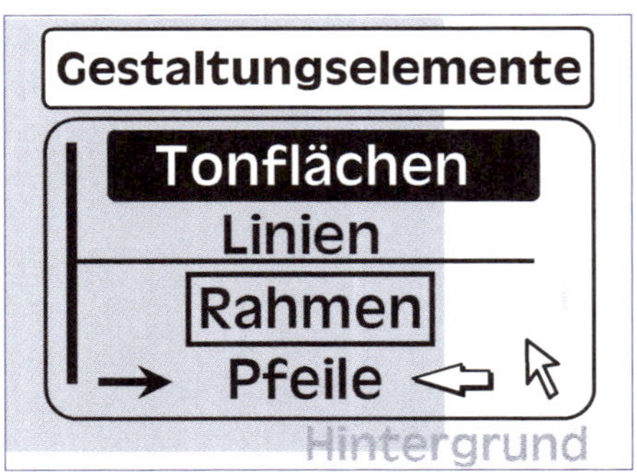

Abb. 96: Die hier benutzten Gestaltungselemente der Linien, Figuren und Rahmen haben keinen Informationsgehalt. Sie dienen nur der »Verschönerung« einer Grafik.

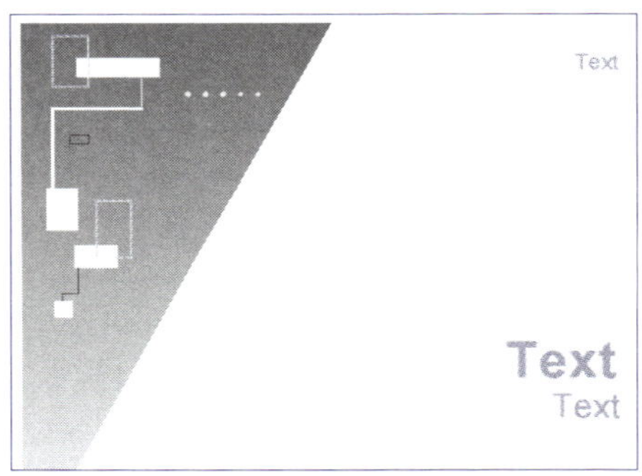

Abb. 97: Präsentations-Programme stellen vorgestaltete Hintergründe für Folien zur Verfügung.

Seien Sie also vorsichtig, wenn Sie sich für eine Anreicherung Ihrer Grafiken mit derartigen Gestaltungselementen entschließen. Hier benötigen Sie wirklich professionelle Kenntnisse eines Grafik-Designers, um Ihren Diagrammen eine akzeptable Wirkung zu verleihen.

Seien Sie auch vorsichtig bei der Übernahme von Grafik-Vorlagen, die Ihnen die Präsentations-Programme zur Verfügung stellen. Hier finden Sie eine Fülle von farblich gestalteten Hintergründen, die teilweise auch grafische Elemente enthalten. Abbildung 97 zeigt ein Beispiel. Machen Sie auch hier wieder Probefolien, eine mit und eine ohne diesen Hintergrund. Projizieren Sie diese Folien unter realen Präsentationsbedingungen und fragen Sie sich dann ganz ehrlich, welche der Folien Ihrem Ziel eher entspricht.

Wenn Sie mit speziell gestalteten Hintergründen oder anderen grafischen Elementen arbeiten, müssen Sie diese natürlich auf allen Ihren Folien einsetzen.

Grafische Gestaltungselemente als Bedeutungsträger

Sie können mit grafischen Gestaltungselementen »spielen« und sie einfach nur zur »Verschönerung« Ihrer Diagramme einsetzen. Sie können diese Elemente aber auch zum Bedeutungsträger einer bestimmten Aussage machen.

Pfeile können Dynamik ausdrücken und die Orientierung erleichtern. Sie stellen Beziehungen zwischen einzelnen Objekten her, sie geben Verweise, zeigen Entwicklungsrichtungen auf und dergleichen mehr. Pfeile können aber in statischen Darstellungen immer nur auf Bewegung hinweisen, niemals Bewegung selbst in Gang setzen. Dazu benötigen Sie den Ablauf mehrerer Darstellungen oder gar das Medium der filmischen Präsentation.

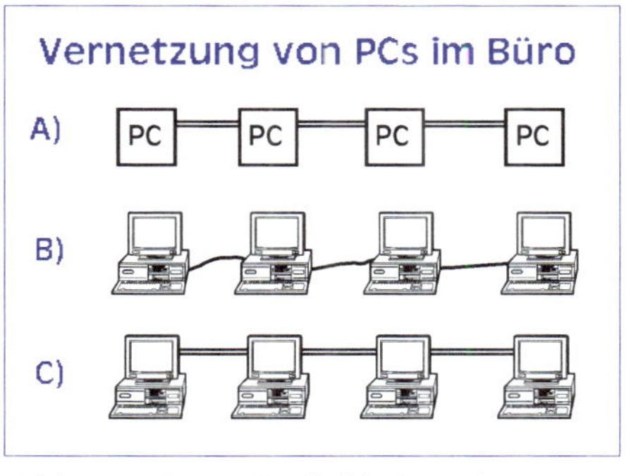

Abb. 98: Drei Möglichkeiten der Visualisierung für die »Vernetzung von PCs«.

Eine einfache Linie kann unterstreichen, abtrennen oder verbinden. Wenn Sie die Vernetzung von PCs visualisieren wollen, können Sie dies durch eine Linie, die die PCs verbindet, tun. Die Abbildung 98 zeigt drei Möglichkeiten einer solchen visuellen Gestaltung: eine strukturelle, eine bildhafte und ein gemischte Form.

A stellt die Struktur einer Vernetzung durch Linien und eingerahmte Flächen dar. B zeigt kleine abgebildete PCs, die mit einem Kabel verbunden sind. Beide Lösungen sind konsequent gestaltet: Entweder wird die Darstellung rein strukturell, also durch Linien und Kästchen dargestellt oder als bildliche Darstellung mit gezeichneten PCs und einem die Geräte verbindenden Kabel realisiert. Bei der Lösung C werden beide Elemente miteinander vermengt: die bildliche Darstellung und die strukturelle Verbindung der PCs mit einer Doppellinie. Hier kann Irritation entstehen. So könnte ein Teilnehmer Ihrer Präsentation fragen: »Was soll die Stange hinter den Computern bedeuten?« Vermeiden Sie also diese Art von Darstellung, denn sie führt vielfach zu optischen Missverständnissen.

In der visuellen Kommunikation sind grafische Elemente Bedeutungsträger. So kann z. B. durch die Anordnung von Symbolen Nähe oder Ferne zum Ausdruck gebracht werden. In Abbildung 99 soll eine Vernetzung der Teilnehmer T mit einer Zentrale Z dargestellt werden. Die räumliche Anordnung der Zentrale und der Teilnehmer lässt mühelos erkennen, was damit gemeint ist. Einige der Teilnehmer liegen näher zur Zentrale als andere, aber an welche Größenordnung dabei gedacht ist, Millimeter, Meter oder Kilometer, bleibt unklar. Durch die Hinzufügung mehrerer Haus-Symbole in Abbildung 100 gewinnt der Zuschauer die Vorstellung, dass es sich hier um ein Kabelsystem in der Größenordnung von Wohnorten oder Städten handelt.

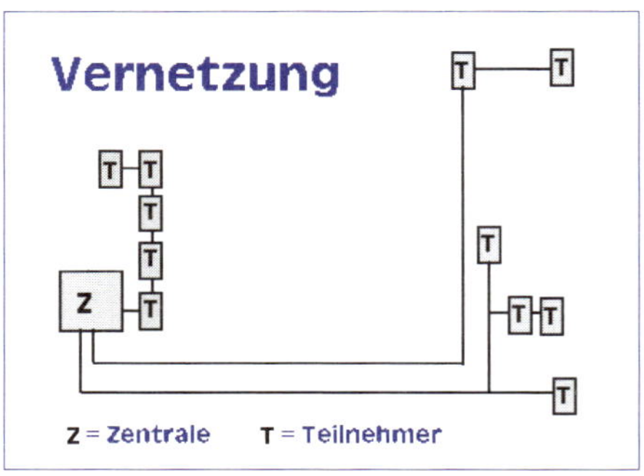

Abb. 99: Eine »Vernetzung« als räumliche Strukturierung von Symbolen.

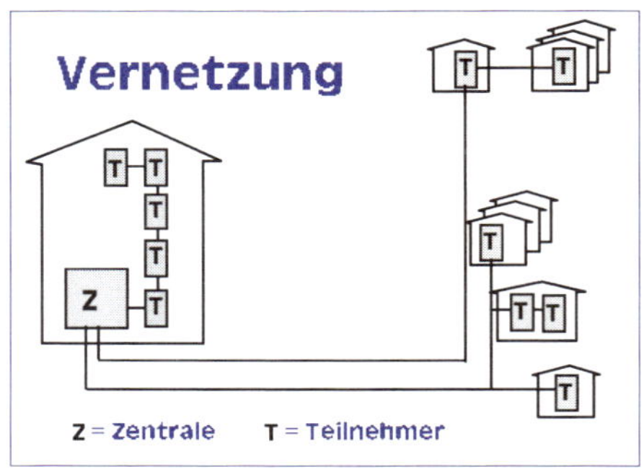

Abb. 100: Die Symbole für die Häuser ermöglichen die Einschätzung geringerer und größerer Entfernung.

Unsere Sprache ist oftmals bildhaft. »Schiefe Argumente« lassen sich mit dem Schiefen Turm von Pisa verbinden. Die Abbildung zeigt eine Verknüpfung von Bild und verbaler Aussage. So können Sie Argumente, Handlungsappelle oder Sprichwörter durch Visualisierungen verstärken. Ein besonderer Informationsgehalt geht von diesen Bildern allerdings nicht aus. Sie stellen Anregungen dar und wecken Aufmerksamkeit.

An einem juristischen Thema soll die »Anreicherung mit symbolischen Elementen« einmal verdeutlicht werden. In der Abbildung 101 wird ein begrifflicher und abstrakter Zusammenhang beschrieben, nämlich die zwei Stufen eines juristischen Entscheidungsprozesses. Die Abbildung des Bankräubers veranschaulicht den »Tatbestand«, das vergitterte Gefängnis die »Rechtsfolgen«. – Beachten Sie, mit wie wenig Strichen diese Darstellungen auskommen und trotzdem leicht

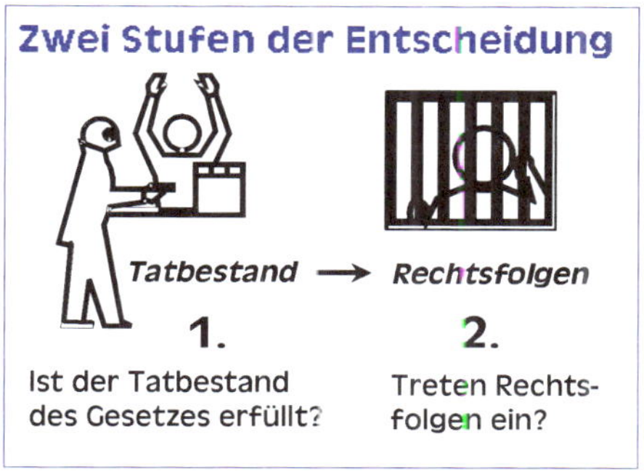

Abb. 101: Allgemeine und abstrakte Aussagesätze werden mit einem bildlichen Beispiel anschaulich und konkret.

Abb. 102: Die visuelle Darstellung steht in einem spannungsreichen Kontrast zu der sachlichen verbalen Aussage.

und eindeutig erkennbar sind. Achten Sie auch darauf, dass hier mit dicken Strichen plakativ gestaltet wurde.

In der Abbildung 102 ist die allgemeine und neutrale Aussage »Kooperationsverträge und Firmenaufkäufe nehmen zu« durch die Darstellung dreier sich jagender Fische ergänzt. Der Vortrag des Präsentator kann sich verbal auf der Ebene neutraler Information halten. Die bildliche Darstellung lässt sich aber mühelos verstehen im Sinne von: »Die Großen fressen die Kleinen.« Der Kontrast zwischen verbaler und visueller Aussage ist hier von besonderem Reiz. Arbeiten Sie in Ihrer Präsentation mit den unterschiedlichen Ausdrucksmöglichkeiten der verbalen und visuellen Aussage-Ebenen. Lassen Sie dabei das Bild wirken und erläutern Sie auf keinen Fall Ihrem Publikum das Bild.

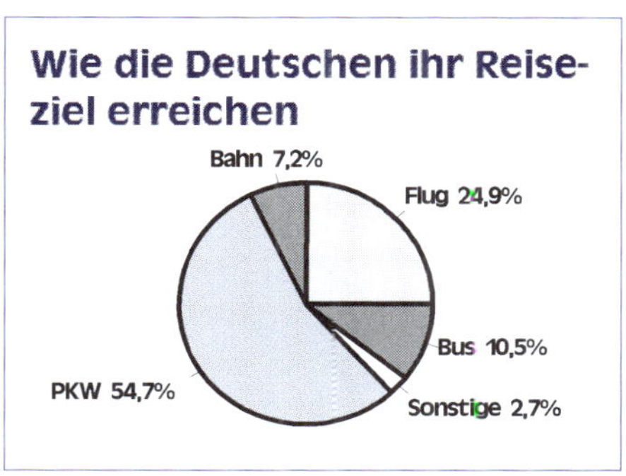

Abb. 103: Die Segmente der Kreisgrafik können mit Wörtern beschrieben oder …

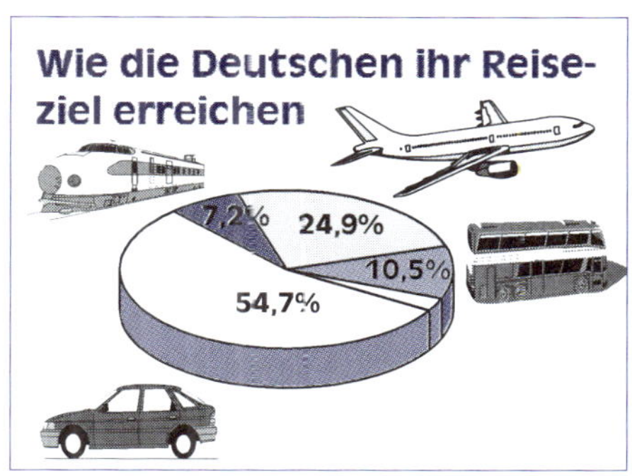

Abb. 104: … durch Bilder erklärt werden.

➜ Erläutern Sie niemals Bilder. Lassen Sie Bilder durch sich selbst wirken. Wenn sie nicht durch sich selbst verständlich sind, sollten sie sie nicht zeigen.

Bilder können Sie natürlich durch eine Überschrift in einen thematischen Zusammenhang stellen. Das ist sinnvoll und legitim und stellt noch keine Erläuterung dar. Diagramme dagegen müssen Sie natürlich beschriften. Auch das stellt keine Erläuterung dar, sondern dient dem Verständnis der Aussage des Diagramms. Die einzelnen Elemente einer Grafik müssen mit Zahlen und Begriffen erläutert werden. Dabei müssen Sie immer Dimensionen und Inhalte des Diagramms verbal benennen. Es sind so viele Zahlen und Begriffe notwendig, dass die Grafik aus sich heraus verständlich wird. Dabei gilt folgende Regel:

➜ So wenig Beschreibung wie möglich und so viel wie nötig.

Beschreiben und benennen können Sie die einzelnen Teile Ihrer Diagramme verbal und visuell. Bei dem Kreisdiagramm der Abbildung 104 werden die Begriffe, die in der Abbildung 103 zur Beschreibung der Kreissegmente dienten, durch kleine Bilder ersetzt. Die Bilder sind eindeutig und unmissverständlich. Das wird immer dann recht einfach sein, wenn es sich um reale und anschauliche Objekte handelt. Schwieriger wird es bei abstrakten Begriffen, die dann durch Symbole ersetzt werden müssen. Dabei ist darauf zu achten, dass diese Symbole wirklich leicht und allgemein verständlich sind. Sonst kommt es zu Verwirrungen. Oder es entstehen Grafiken, die Sie Ihrem Publikum erläutern müssen. Und gerade das sollten Sie vermeiden.

Das Verhältnis zwischen konkreter bildlicher Visualisierung einerseits und abstrakter begrifflicher Darstellung andererseits lässt sich sehr schön an folgender Aufgabe erläutern: Versuchen Sie einmal den Satz »Ein Bild sagt mehr als tausend Worte« visuell umzusetzen, also den Inhalt dieses Satzes in einem Bild darzustellen, ohne Begriffe zu benutzen. Sie werden sehen, dass es nicht leicht ist. Allenfalls werden Sie ein Bilder-Rätsel erstellen. Es wird Ihnen aber nicht gelingen, die Aussage dieses Satzes kürzer, knapper und eindeutiger als durch diese sechs Wörter darzustellen.

Wie stellen Sie nun eine Grafik aus diesen Gestaltungselementen her? Ihr Präsentations-Programm stellt Ihnen in der Regel schon ein gewisses Repertoire an Pfeilen, Rahmen und symbolischen Bildern zur Verfügung. Die Programmbeschreibung erklärt Ihnen, wie Sie diese Elemente in Ihre Grafiken einfügen können. Darüber hinaus gibt es eine Reihe von Sammlungen von so genannten »Clip-Arts«, aus denen Sie eine Fülle derartiger Elemente auswählen und in Ihre Grafik einfügen können. Keine der in diesem Buch benutzten bildlichen Darstellungen ist selbst gezeichnet. Alle Bilder und Elemente sind aus derartigen Clip-Art-Sammlungen entnommen. Clip-Art-Sammlungen sind in der Regel Zusatzleistungen zu Grafikprogrammen. Bei einigen sind sie im Programmpaket enthalten, bei anderen müssen Sie sie zusätzlich erwerben. Sie können aber auch Clip-Arts im Internet finden.

Teil 13
Wichtiges über Farben und Farbgestaltungen

Wenn Sie an einem Computer mit Farbmonitor arbeiten, werden Sie von Anfang an Ihre Grafiken auch farbig gestalten. Wie Sie Farbzuweisungen vornehmen, erfahren Sie aus der Beschreibung Ihres Präsentations-Programms. Dies ist nicht viel schwieriger durchzuführen, als alle anderen Programmanweisungen auch.

Bevor Sie jedoch beginnen, Ihre Präsentations-Materialien farbig zu gestalten, folgen Sie bitte dem Rat aus dem Kapitel »Probieren geht über Studieren«. Die Farbdarstellungen am Monitor unterscheiden sich erheblich von dem späteren Ausdruck auf Papier oder der Präsentation mit dem Projektor.

Gehen Sie immer »rückwärts« vor: Probieren Sie zuerst aus, welche Farben Ihr Ausgabegerät realisiert, und richten Sie dann Ihre Farbauswahl bei der Gestaltung Ihrer Präsentations-Materialien nach diesem Ausdruck.

Farbsysteme

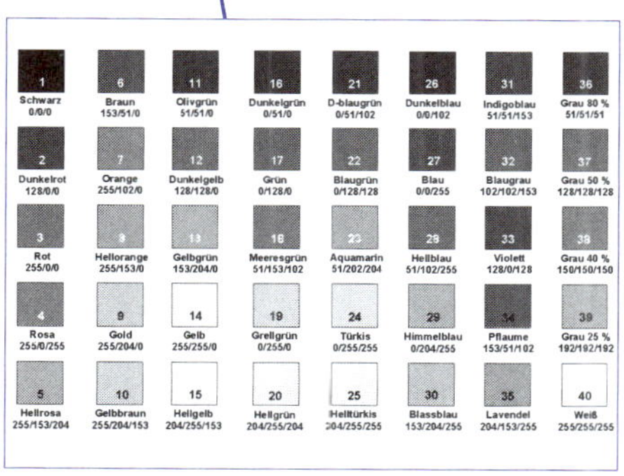

Abb. 105: Die Farbtabelle der Abbildung 110 ist hier in Schwarz-Weiß dargestellt.

Ihr Grafikprogramm erlaubt es Ihnen, auf eine Palette von fertigen Farben zuzugreifen oder sich selbst Farben zu mischen. Zum Mischen der Farben stehen Ihnen in Ihrem Programm ein oder mehrere Systeme zur Verfügung. Hier soll nur ganz kurz (ohne theoretischen Hintergrund) erläutert werden: Wenn Ihr Präsentations-Programm Farben aus Cyan, Magenta, Gelb und Schwarz (CMYK-System) mischt, dann entspricht diese Zusammensetzung dem Druckprozess. Es ist aber auch möglich, dass Sie innerhalb Ihres Programms die Farben Rot, Grün und Blau (RGB-System) zur Farbmischung nutzen. (Diese Farbzusammensetzung entspricht in der Technik der, mit der am Bildschirm Farben erzeugt werden.) Manche Programme erlauben die Farbmischung sogar nach mehreren Systemen wie z. B. PowerPoint, das Farbmischungen nur nach dem RGB- und dem HSL-Modell kennt.

Die Mischung der Farben erfolgt nach Prozentanteilen in dem einen oder anderen System. Jede Farbe enthält also bestimmte Anteile aller vier (beim CMYK-System) oder aller drei Farben (beim RGB-System oder beim CMY-System).

→ **Jede Farbe lässt sich durch die Angabe der Farbanteile in einem bestimmten System genau definieren.**

Leider sind nicht alle RGB-Systeme gleich. In PowerPoint liegen die Werte zwischen 0 und 255, in Harvard Graphics zwischen 0 und 999. Deshalb erfordern die einzelnen Programme unterschiedliche Zahlenangaben. Werte zwischen 0 und 100 sind Prozentangaben. Es gibt aber auch Spannen zwischen 0 und 999 oder zwischen 0 und 255. Sie müssen dann die Werte umrechnen. Im ersten Beispiel wären 999 = 100 Prozent, 500 = 50 Prozent usw. Im zweiten Beispiel sind 255 = 100 Prozent, 127,5 = 50 Prozent usw.

Erstellen Sie sich eine Farbtabelle nach dem Muster der Tabelle, mit dem Ihr Programm arbeitet. Dann drucken Sie die Farbtabelle aus. In den Abbildungen 110 und 111 sehen Sie die beiden Farbtabellen, die Sie in Word, Excel und PowerPoint finden. Die kleine Farbtabelle mit 40 Farben enthält auch Namen für die Farben. Lassen Sie sich nicht von den Namen irritieren. Wenn Sie ein Objekt rosa oder olivgrün einfärben wollen, dann wählen Sie nicht unbedingt die Farben, die so heißen, sondern die Farben, die in Ihrem Ausdruck so aussehen. Wenn Sie Ihre Präsentations-Materialien für eine Beamer-Projektion erstellen, dann orientieren Sie sich an den Farben, die dieser Projektor darstellt. Vergleichen Sie dieses Farbtabellenmuster auf dem Papier oder der Folie mit Ihrer Monitordarstellung. Sie werden hier erhebliche Farbabweichungen feststellen. Orientieren Sie sich also bei Ihrer Farbgebung und Farbwirkung immer an Ihrer Farbtabelle, nicht am Monitorbild!

Diese Vorgehensweise genügt normalerweise für Präsentationen. Wenn Sie allerdings die Aufgabe haben, mit anderen Ausgabegeräten zu korrespondieren, z. B. Vorlagen für einen farbgenauen Druck zu erstellen, dann müssen Sie ein Farbreferenz-System benutzen, etwa RAL-Farben (www.ral.de) oder PANTONE-Farbe (www.pantone.de). Mit Hilfe derartiger Farbbestimmungen können Sie sicherstellen, dass am Ende genau die Farbe gedruckt wird, die Sie festgelegt haben. Dazu müssen Sie aber auch Ihren Monitor und den Drucker, den Sie benutzen, kalibrieren. Weitere Informationen zum Thema Farbmanagement erhalten Sie im Fachhandel, in dem Sie die entsprechende Hard- und Software erhalten, oder auch unter www.grafipress.de und www.koppmedien.de.

Drucken Sie Ihre Farbtabellen auch einmal in Schwarz-Weiß aus, wie Sie am Beispiel der Abbildung 105 sehen. Nun vergleichen Sie diese mit dem Farbausdruck oder mit dem Monitorbild. Sie werden feststellen, dass es kaum möglich ist, von den Farbkontrasten auf die Helligkeitskontraste in Schwarz-Weiß zu schließen. Daraus folgt, dass Sie eine Grafik, die Sie in Schwarz-Weiß ausdrucken wollen, nicht in Farbe erstellen sollten! – In den Präsentations-Programmen gibt es die Möglichkeit, Ihre Farbgrafik in Schwarz-Weiß am Monitor zu betrachten. Diese Funktion ist dann ein nützliches Hilfsmittel, wenn Sie nicht nur farbige Folien verwenden, sondern auch Ihre Grafiken als Hand-outs in Schwarz-Weiß ausgeben wollen.

Bilder

Wie viele Präsentationen haben Sie als Teilnehmer schon »über sich ergehen lassen«? Vielleicht haben Sie auch schon die Erfahrung gemacht:

➜ **Die meisten Präsentationen sind stinklangweilig.**

Das Thema ist zwar interessant und wichtig, aber die »Visualisierungen« bestehen zu 95 % aus Texten, die der Vortragende abliest und das Publikum mitliest. In besseren Präsentationen gibt es noch ein paar Diagramme.

Machen Sie es anders. Reduzieren Sie Ihre Texte für die Visualisierung auf einige Stichwörter. Stichwörter zum Merken, zur Übersicht und zur Erläuterung. Texte sind nicht zum Anschauen da, sondern zum Vortragen.

➜ **Zeigen Sie die Objekte, Gegenstände und Ereignisse, über die Sie reden, in anschaulichen Bildern.**

Zeigen Sie Bilder in Farbe. Bringen Sie die Bilder mit Ihren Präsentationsmedien »groß heraus«. Damit müssen Sie bei der Gestaltung Ihrer Präsentations-Materialien beginnen, nicht erst in Ihrer Präsentation. Bei der Gestaltung von Druckschriften ist es üblich, dass mehrere kleine Bilder mit Rahmen versehen werden und eine Seite füllen. Das Beispiel in der Abbildung 106 sieht hier im Druck auch gar nicht so unattraktiv aus. Aber für die Präsentation sind die Darstellungen zu klein und die gesamte Grafik wird unnötig zerstückelt. Die Gestaltung der Folie in der Abbildung 107 ist in einer Präsentation wirkungsvoller.

Abb. 106: Eine Bildkomposition, die für den Druck noch einigermaßen attraktiv ist.

Abb. 107: Bei jeder Art von Präsentation sollen Bilder und auch Schriften immer so groß wie möglich »herauskommen«.

Wenn Sie Ihrem Publikum in und mit Ihrer Präsentation etwas zeigen wollen, dann inszenieren Sie ein optisches Ereignis. Je größer Ihr Bild ist, desto besser. Und das Ganze möglichst farbig und kontrastreich.

Vier unterschiedliche Farbwirkungen

Wer mit Farben Grafiken gestaltet, fragt sich häufig zuerst, mit welcher Farbe er bei seinem Publikum eine optimale Wirkung erreichen kann und welche Farbe welche Reaktion hervorruft.

Bevor Sie auf so schwierige Fragen eine befriedigende Antwort bekommen, machen Sie sich bitte folgende Unterschiede klar: Bei Farben sind mindestens vier unterschiedliche Wirkungsweisen zu unterschieden. Die Farbwahl müssen Sie unter einer oder mehreren dieser Wirkungsweisen treffen.

1. Farben haben eine Kontrast- und Unterscheidungsfunktion, das heißt, mit ihrer Hilfe können Sie visuelle Elemente Ihrer Grafik deutlich voneinander abheben.
2. Farben haben eine funktionale Bedeutung, das heißt, sie können innerhalb des Systems der visuellen Kommunikation eine Aufgabe übernehmen, etwa die einer Zuordnung von Elementen und Bedeutungen.
3. Farben haben eine konventionelle Bedeutung. Hier gibt es viele verschiedene Konventionen, die Farben eine Bedeutung zuschreiben. Es gibt Konventionen, die gesetzlich verankert sind, wie die der Straßenverkehrsordnung, sprachliche Konventionen und Konventionen, die in unterschiedlichen Kulturkreisen jeweils anders ausfallen.

4. Schließlich gibt es noch das emotionale Farberleben, das heißt, dass mit der Wahrnehmung der Farben ein bestimmtes emotionales Erleben verknüpft ist.

Die Kontrastfunktionen der Farben

Farben haben eine Kontrast- und Unterscheidungsfunktion. Bei der Gestaltung von Kreis- und Balkendiagrammen in Schwarz-Weiß entsteht das Problem, dass die einzelnen Elemente nur sehr schwer zu unterscheiden sind. Grauwerte und Schattierungen können oftmals nur mühsam den Bedeutungen der Legende zugeordnet werden, wie in Abbildung 80 zu sehen ist. In der Abbildung 115 sehen Sie, dass sich dies Problem mit Farben leicht lösen lässt.

Mit unterschiedlichen Farben können Sie also Kreissegmente, Balken und Säulen voneinander abgrenzen und hinsichtlich einer bestimmten Bedeutung in der Legende zuordnen. In der Regel nimmt Ihr Präsentations-Programm eine Farbzuweisung automatisch vor. Sie können diese Farbzuweisungen auf zweierlei Weise ändern: Entweder füllen Sie jedes einzelne Teil mit einer neuen Farbe oder aber Sie ändern die der automatischen Farbzuweisung zugrunde liegende »Farbpalette«. Wie Sie das zu realisieren, erfahren Sie wiederum aus der Gebrauchsanweisung Ihres Präsentations-Programms.

Welche Farbzuweisungen Sie vornehmen, liegt ganz bei Ihnen. Sie können dabei stark kontrastierende Komplementärfarben wählen oder aber abgestufte Farbtöne aussuchen. Beachten Sie jedoch, dass bei Abstufungen die Zuordnungen zu der erklärenden Legende oftmals nicht leicht sind. Daher ist zu empfehlen, lieber plakativ zu verfahren und deutlich unterscheidbare Farben zu wählen.

Wenn Sie eine Text-, Säulen- oder Balkengrafik farbig gestalten wollen, werden Sie sich vielleicht fragen, wie z. B. eine grüne Schrift wirkt oder ob Balken rot sein können und ob grüne und blaue Kreissegmente nebeneinander harmonisieren.

Die Harmonie-Wirkung einzelner Farben miteinander ist nicht unwichtig, aber nicht vorrangig. Eindeutig vorrangig gegenüber Gestaltungsgesichtspunkten der Farbharmonie ist der Aspekt der deutlichen Erkennbarkeit.

→ **Präsentations-Materialien müssen einfach strukturiert und leicht erkennbar sein. Deshalb achten Sie zuerst auf die Kontraste und die Unterscheidungs-Funktion der Farben.**

Präsentationsmaterialen sollen Wahrnehmungs- und Erinnerungsprozesse unterstützen, nicht jedoch erschweren. Wenn die Präsentations-Materialien optisch schwer erfassbar oder gar missverständlich sind, werden die negativen Auswirkungen auf den Erfolg einer Präsentation sehr viel schwer wiegender sein, als wenn die Farben von Kreissegmenten als nicht harmonisch empfunden werden. Selbstverständlich sollen Sie bei der Gestaltung Ihrer Präsentations-Materialien auch die Farbwirkungen und Farbharmonien berücksichtigen, diese Berücksichtigung sollte jedoch erst dann erfolgen, wenn die Kontrast- und Unterscheidungsfunktion der Farbe optimal realisiert ist.

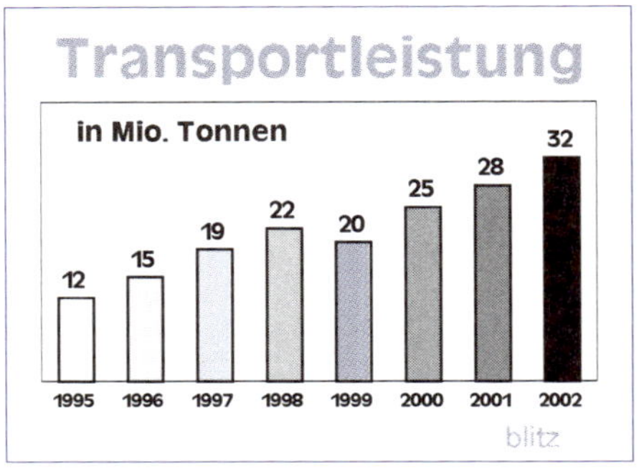

Abb. 108: Eine falsche Darstellungsweise: Die Säulen, die den Umsatz darstellen, müssen alle in dem gleichen Farbton gestaltet werden.

Farben und Helligkeitsabstufungen können Dinge, die nicht zusammengehören, unterscheiden und voneinander abheben. Objekte, Aussagen oder Strukturen, die identisch sind, müssen auch in gleichen Farben oder Helligkeitsstufen dargestellt werden. Balken oder Säulen, die in einer Zeitreihe die Veränderung einer Größenordnung darstellen, variieren in einer Dimension, dargestellt durch die unterschiedlichen Höhen. Alle Säulen aber stellen nur »eine Sache«, nämlich den Umsatz dar. Sie dürfen nicht in verschiedenen Farben gestaltet werden. Die Grundregel der visuellen Kommunikation lautet:

→ **Gleiches muss gleich gestaltet, Unterschiedliches unterschiedlich dargestellt werden.**

Wir hatten oben gesagt, dass es relativ beliebig ist, in welchen Farben Sie Ihre Schriften, Kreise, Balken oder Linien gestalten, wenn die Bedeutungen leicht erkennbar und die Zuordnungen problemlos möglich sind. Dies stimmt nicht ganz. Sie sollten bei der Farbwahl aus Gründen des Helligkeits- und Farbkontrastes drei Dinge berücksichtigen:

1. Es gibt Farbkombinationen, die leichter sind, und solche, die schwerer erkennbar sind.
2. Der Farbstil einer jeden einzelnen Folie sollte einheitlich sein.
3. Der Farbstil und die Farbzuordnungen Ihrer gesamten Präsentation sollten aufeinander abgestimmt sein.

Betrachten Sie die Abbildung 119. Hier sehen Sie, dass bestimmte Farbkombinationen, so etwa Gelb und Blau, eine besonders gute Fernwirkung haben und sich daher für Fernmedien besonders eignen. Daneben gibt es Farbwirkungen, die weniger gut lesbar sind. Bunte Texte wiederum erscheinen unwichtig. Daher sollten Sie bei der Einfärbung von Schriften besonders vorsichtig sein.

Ob Sie für die Gestaltung Ihrer Grafiken klare, leuchtende Farben oder dezente Farbabstufungen wählen, ist eine Frage des Geschmacks, sofern mit dezenten und gebrochenen Farben auch eine ausreichende und leichte Erkennbarkeit gewährleistet ist. In diesem Buch ist die überwiegende Anzahl der Grafiken mit klaren Farben gestaltet. Bei ungünstigen Bedingungen der Projektion durch Fern-Medien kann eine Dämpfung der Farben eintreten. Wenn die Präsentations-Materialien genügend Farbdichte haben, fällt diese Dämpfung nicht sonderlich ins Gewicht. Wenn Sie allerdings der Meinung sind, dass für den Stil Ihrer Präsentation gedämpfte oder transparente Farben eher geeignet sind, so können Sie natürlich auch Ihre Präsentations-Materialien in diesem Stil gestalten.

Aber mischen Sie niemals gebrochene und klare Farben innerhalb einer Grafik, es sei denn, es gibt dafür besondere Rechtfertigungsgründe. Man kann also nicht innerhalb einer Kreisgrafik einige Segmente in klaren, andere in gebrochenen, das heißt aufgehellten oder abgedunkelten Farben gestalten.

Was für eine einzelne Folie gilt, gilt auch für die Gesamtheit Ihrer Präsentation. Es ist nicht möglich, eine Folie in klaren und andere in abgetönten Farben zu gestalten. Sie sollten den einmal gewählten Farbstil für alle Darstellungen durchhalten. Dieser einheitliche Farbstil gilt insbesondere für die Gestaltung des Hintergrundes und der Farben für Linien, Rahmen und Überschriften. Wenn die Farben keine speziellen funktionalen oder konventionellen Bedeutungen haben, sie also relativ beliebig ausgewählt und zugeordnet sind, sollten Sie bei einem einmal gewählten Zuordnungssystem auch konsequent bleiben. Sie wählen z. B. die Schrift blau, die Rahmen schwarz und den Hintergrund gelb. Sehen Sie sich einmal die farbigen Abbildungen in diesem Buch an. Sie erkennen, dass einige Folien recht gut zueinander passen würden, aber niemals alle Darstellungen hintereinander präsentiert werden dürften.

Die funktionale Bedeutung der Farben

Die bisher besprochenen Kontrast- und Unterscheidungsfunktionen haben natürlich auch funktionale Bedeutungen. Wegen der Wichtigkeit dieses Punktes wurden zuerst die Kontrastwirkungen der Farben besprochen. Nun wären die allgemeinen funktionalen Bedeutungen der Farben zu erläutern.

Wenn Sie es mit der Darstellung komplexer Sachverhalte zu tun haben, wie z. B. in der Abbildung 75 oder 77, dann werden Sie mit einer Gestaltung in Schwarz-Weiß schnell an Grenzen stoßen. In der Abbildung 75 geht es darum, die unterschiedlichen Größendimensionen der beiden y-Achsen deutlich zu machen. Wenn das nicht gelingt, kommt es hinsichtlich des Vergleichs der Balken, die zum einen die Höhe des Umsatzes, zum anderen die des Gewinns darstellen, zu einem Missverständnis. Wenn Sie Ihre Präsentations-Materialien in Schwarz-Weiß gestalten, können Sie versuchen, durch besondere Hervorhebungen, durch räumliche Nähe oder eben durch helle und dunkle Schriften und Flächen diese verschiedenen Dimensionen deutlich zu machen. Mit Farbe geht das sehr viel leichter, wie die Abbildungen 116 und 117 zeigen. Hier wurden nicht nur die Balken, sondern auch die Achsen und die Achsenbeschriftungen mit einer jeweils unterschiedlichen Farbe versehen. In der Abbildung 117 fällt die Zuordnung der einzelnen Jahre besonders leicht, da auch die Jahreszahlen in der Farbe der Balken gehalten sind.

Das an den Grafiken erläuterte Prinzip der funktionalen Farbzuweisung lässt sich bei vielen Darstellungsaufgaben anwenden. Hier werden den Farben die Funktionen der Unterscheidung verschiedener Bedeutungsebenen zugewiesen. Dies erleichtert sowohl die Aufgabe des Präsentators, einen komplizierten Zusammenhang zu erläutern, als es auch die Wahrnehmung des Publikums.

Diese funktionalen Zuordnungen und Differenzierungen durch Farben lassen sich besonders gut auch bei Zeichnungen, Lageplänen und Skizzen verwenden. Die Geografik »Wirtschaftsraum EU« der Abbildung 128 vermittelt einen Eindruck dieser farblichen Zuordnungsfunktion. Hier lassen sich die Inseln im westlichen Mittelmeer, Korsika, Sardinien und die Balearen, ohne weiteres Frankreich, Italien und Spanien zuordnen. Die Farbzuweisungen für die einzelnen Länder wurde hierbei beliebig vorgenommen.

Farben können eine Reihe von Funktionen übernehmen, die Sie ihnen beliebig zuweisen. Sie können aber auch Wirkungen und Funktionen haben, die objektiv und allgemein gültig sind. Solche objektiven Funktionen sind in den Gesetzten der Wahrnehmung verankert. Dazu gehören die Kontrastwirkungen wie Helligkeitskontraste, Simultan- und Qualitätskontraste, die Wechselwirkung zwischen Form und Farbe, die farbliche Nachbilder und dergleichen mehr. Eine ausführliche Darstellung finden Sie in dem Buch von Johannes Itten: »Kunst der Farbe«.

Hier soll nur der Aspekt, der für die Gestaltung von Präsentations-Materialien wichtig ist, näher beleuchtet werden. Farben haben unterschiedliche »Gewichte«. Was damit gemeint ist, wird an folgendem kleinen Experiment deutlich: Versuchspersonen sollten verschiedene Pakete gleicher Größe und gleicher Schwere, aber mit unterschiedlich farblichem Papier verpackt, in ihrem Gewicht schätzen. Das schwarze Paket wurde in seinem Gewicht als fast doppelt so schwer wie das weiße eingeschätzt. Die Abbildung 121 zeigt das Ergebnis dieses Testes und zugleich die Reihenfolge der Gewichte der Farben. Diese Reihenfolge entspricht ganz objektiv dem Empfinden jeder Person. Gestapelte Balken, verlaufende Hintergründe und jede vertikale Anordnung von Farbflächen sollte in der Reihenfolge dieser Farben erfolgen. Schwarz, rot und blau sind eben »schwerer« als weiß oder gelb und gehören daher nach unten, um die Darstellung nicht kopflastig zu machen.

Das gilt auch für Farbverläufe. Eine richtige Anordnung des Hintergrundes sehen Sie bei den Abbildungen 113, 127 und 131.

In der Darstellung 122 verläuft der Hintergrund hinter der Fieberkurve von unten nach oben von weiß nach rot. Vom Gewicht der Farbe her gesehen ist das eigentlich falsch. Aber die Zunahme der Farbe rot verweist auf die erhöhte Temperatur des ansteigenden Fiebers. Die symbolische Bedeutung des Temperaturanstiegs durch die Zunahme des Rottons rechtfertigt eine solche Darstellung. Wenn Sie aber die Grafik um 180 Grad drehen, werden Sie die Empfindung haben, dass das Bild jetzt »auf den Füßen« steht.

Farben in ihrer konventionellen Bedeutung

Farben haben immer auch vielfältige Bedeutungen im Rahmen ihres sozialen und historischen Umfeldes. Sie kennen die rote Ampel aus dem Straßenverkehr, das rote Verbotsschild und das Rot der Revolution. Grün ist die Farbe der Vegetation und grünes Licht bedeutet freie Fahrt. Grün ist auch die Farbe des Islam. Das Hochzeitskleid ist weiß, der Traueranzug schwarz. Derartige konventionelle Farbbedeutungen lassen sich fast unendlich aufzählen. Wollen Sie sich mit den vielfältigen Bedeutungen der Farben näher vertraut machen, dann lesen Sie dazu das interessante Buch von Eva Heller »Wie Farben wirken«.

Die konventionellen Bedeutungen von Farben sind immer dann zu berücksichtigen, wenn Sie ein Thema zu gestalten haben, das allgemein ganz eindeutig mit einer bestimmten Farbe belegt ist. Wenn Sie ein »Verbot« oder ein »Verbotsschild« visuell umsetzen wollen, können Sie dieses nur in Rot, niemals in Grün gestalten. Den politischen Parteien sind in allen Ländern eindeutig bestimmte Farben zugewiesen. So sind Sozialisten oder Sozialdemokraten rot, Konservative schwarz und Grüne grün. Sie können in der Abbildung 123 sofort erkennen, welche Parteien hier gemeint sind.

Wenn Sie mit einer Grafik Größenordnungen, die sich auf Arbeitnehmer und Arbeitgeber beziehen, vergleichen wollen, so können Sie bei einer Zuordnung, die nur auf die Unterscheidung abzielt, die eine Gruppe grün und die andere gelb einfärben. Wenn Sie aber die Farben Rot und Schwarz verwenden wollen, dann gibt es nur die Möglichkeit, den Arbeitnehmern das Rot und den Arbeitgebern das Schwarz zuzuweisen. Eine Umdrehung dieser Farbzuweisungen würde zu unnötigen Irritationen führen. Das Gleiche würde gelten für die Darstellung von Geburts- und Sterbefällen mit Weiß und Schwarz oder mit der Kennzeichnung von Zustimmung und Ablehnung mit Rot und Grün. Um Gewinne und Verluste darzustellen, ist die Beachtung der Farbwirkung ebenfalls unerlässlich. »Rote Zahlen« und »schwarze Zahlen« sind feste Begriffe geworden, deshalb dürfen Sie niemals den Gewinn rot darstellen.

Wenn der Namenszug und das Logo Ihres Unternehmen eine bestimmte Farbe haben, werden Sie diese in Ihre Präsentation übernehmen müssen. Auch das stellt eine konventionelle Farbedeutung dar, nämlich die Übereinkunft zur Corporate Identity.

Das emotionale Farberleben

Farbwahrnehmungen und Farbvorstellungen, genauso wie alle anderen psychischen Vorgänge auch, lösen bei jedem Menschen mehr oder minder starke Gefühle aus. So gibt es Lieblingsfarben und Assoziationen, die mit Farben verbunden sind. In dem oben erwähnten Buch von Eva Heller »Wie Farben wirken« wird dieses Farberleben näher beschrieben. Die Tatsache, dass es ein solches emotionales Farberleben gibt, hat dazu geführt, dass sehr vielfältige und umfangreiche Theorien über Farben entwickelt wurden. Solche philosophischen oder künstlerischen Farblehren sind oftmals sehr umfangreich und tiefgründig. Ihre objektive Gültigkeit ist keinesfalls gesichert. Diese Theorien können kaum dazu dienen, konkrete Gestaltungsprobleme bei der Herstellung von Präsentations-Materialien zu lösen.

Ein elementares, emotionales Farberleben ist die Unterscheidung von warmen und kalten Farben. Blau und Grün gelten als kalte, Rot und Gelb als warme Farben. Blau erscheint eher als seriös und beruhigend, Rot eher als belebend und dynamisch. In der Abbildung 120 sind einige elementare, von den allermeisten Menschen erlebten emotionalen Reaktionen beschrieben.

Wenn Sie einzelne Grafikelemente farbig gestalten, spielen solche Aspekte des Farberlebens keine besondere Rolle. Ihre Balkengrafik wirkt nicht unseriös, weil Sie darin Rot verwenden. Eine gelbe Schrift ist nicht wärmer als eine blaue. Aber für die Wahl des Hintergrundes Ihrer Präsentations-Materialien, die Sie mit Fern-Medien projizieren, spielt das emotionale Farberleben sehr wohl eine Rolle. Eine Folie mit einem roten oder violetten Hintergrund vermittelt bei der Präsentation eine ganz andere Atmosphäre, als wenn Sie ein Blaugrau gewählt hätten. Je kräftiger Sie die Hintergrundfarbe wählen, desto stärker wird das emotionale Farberleben beeinflusst. Ein kräftiges Rotorange oder Gelb als Hintergrund wird allzu leicht als zu warm und zu aufdringlich empfunden.

Wenn Sie mit Ihrer Präsentation einen eher soliden und seriösen Eindruck machen wollen, werden sich Blau- und Grautöne anbieten. Auch ein schwaches oder mattes Gelb ist möglich. Schauen Sie sich bitte unter diesem Gesichtspunkt die unterschiedlich farbigen Hintergründe der Grafiken an, die in dem Farbteil wiedergegeben sind.

In den Präsentations-Programmen wird Ihnen pauschal empfohlen, Folien für den Overhead-Projektor mit hellem Hintergrund und Präsentationen mit dem Datenprojektor mit dunklem Hintergrund zu versehen. Eigentlich ist diese Vorgehensweise falsch, denn der Datenprojektor ist in der Regel lichtschwächer oder der Overhead-Projektor. Und die Lichtstärke Ihres Projektors und damit die Helligkeit Ihres projizierten Bildes ist der wichtigere Faktor für Ihre Entscheidung.

➔ **Wählen Sie für Ihre Präsentation nur dann eine dunkle Farbe als Hintergrund, wenn Sie eine ausreichend helle und kontrastreiche Projektion sicherstellen können.**

Wenn Ihre Grafiken sowohl mit hellem als auch mit dunklem Hintergrund gut zu erkennen sind, dann können Sie sich für die eine oder andere Lösung entschieden. Sie sollten aber zugleich bedenken, dass helle Hintergründe einen größeren Gestaltungsspielraum bei den Farben der grafischen Darstellung zulassen. Wenn Sie dagegen ein kräftiges Blau als Hintergrund wählen, fallen für die Schrift und die Diagramme alle dunklen Blautöne aus, denn diese würde sich gegen den Hintergrund nicht mehr abheben. Die Abbildungen 127 und 131 zeigen, wie noch mit der Hintergrundfarbe Gestaltungen möglich sind.

Teil 14
Auch Hand-Outs zielgruppengerecht aufbereiten!

Zu den Präsentations-Materialien gehören nicht nur Folien, Dias oder Poster, sondern auch die Unterlagen, die Sie den Teilnehmern Ihres Vortrages oder Ihres Seminars aushändigen, nämlich die so genannten Hand-outs. Aber beachten Sie:

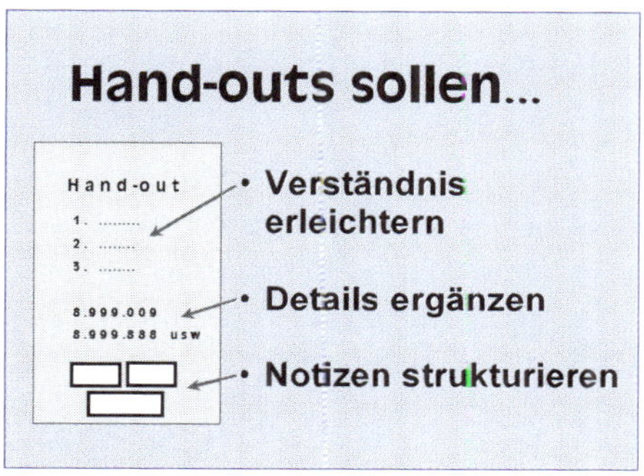

Abb. 109: Hand-outs sollen einen Überblick ermöglichen, detaillierte Informationen ergänzen und Raum für Notizen zur Verfügung stellen.

➜ Verteilen Sie niemals den vollständigen Text Ihres Vortrags an Ihr Publikum.

Tun Sie dies auch nicht, wenn es die Zuhörer ausdrücklich wünschen. Vermeiden Sie es auch, lediglich einen Abzug Ihrer Folien als Hand-out zu betrachten. Die ausgehändigten Unterlagen sollten genauso wie alle anderen Präsentations-Materialien ebenso sorgfältig aufbereitet und mit den anderen Materialien abgestimmt werden.

Hand-outs können drei Funktionen erfüllen:

1. Sie können umfangreiche und detaillierte Informationen wie Zahlen, Statistiken, Namen und Adressen jedermann zugänglich machen. Sie können dann während Ihrer Präsentation darauf verweisen, dass Sie am Ende genaue Daten und Quellenangaben aushändigen werden. Oder Sie können dies schon während der Präsentation tun. Aber das kann dazu führen, dass die Vortragsteilnehmer nun in den Unterlagen blättern und lesen und Ihrem Vortrag nicht mehr zuhören.
2. Hand-outs können dazu dienen, den Teilnehmern einen vorstrukturierten Raum für ihre ergän-

zenden Notizen zur Verfügung zu stellen. Die Abbildung 109 zeigt Ihnen ein solches Hand-out. Neben der Abbildung Ihrer in der Präsentation gezeigten visuellen Darstellungen hat jeder Teilnehmer die Möglichkeit, eigene Notizen einzufügen. Bringen Sie Ihre Zuhörer niemals in die Lage, detaillierte Informationen, lange Zahlenreihen, Terminlisten oder dergleichen während der Präsentation mitschreiben zu müssen. Solche detaillierten Informationen sollte Ihr Hand-out enthalten.

Anmerkung: Wenn Sie Ihre Präsentationsfolien für die Hand-outs verkleinern, sollten die Darstellungen immer noch so groß sein, dass sie mühelos lesbar sind. Sie erinnern sich: Keine Schrift sollte kleiner als 24 Punkte sein! Alle Grafiken und Diagramme in diesem Buch haben im Druck etwa die Größe, die Ihre Abbildungen im Hand-out haben würden. Wenn Ihre Folien in der verkleinerten Form auf Ihren Hand-outs noch gut zu lesen sind, dann sind sie auch in der Präsentation mühelos zu erkennen.

3. Die dritte Aufgabe eines Hand-outs besteht darin, den Teilnehmern das Verständnis der Präsentation zu erleichtern. Dazu gehört insbesondere die Übersicht und Gliederung des Vortrages und des Ablaufs der gesamten Präsentationsveranstaltung. Ebenfalls notwendig ist die Wiedergabe der in der Präsentation gezeigten Abbildungen. Allerdings sollten Sie darauf achten, dass sich Ihre verbalen und visuellen Darstellungen nicht allzu oft wiederholen. Unschön wäre etwa folgende Situation: Sie legen eine Folie auf, auf der steht »Guten Tag, meine Damen und Herren«. Sie treten vor Ihr Publikum und sagen dazu »Guten Tag, meine Damen und Herren«. Die Teilnehmer lesen in Ihrem Hand-out als Wiedergabe Ihrer Folie: »Guten Tag, meine Damen und Herren«. Eine solche Wiederholung ist ermüdend. Wiederholungen sind aber dann sinnvoll, wenn es sich um komplexe Aussagen handelt. In Ihrem Vortrag informieren Sie z. B. über die Größe von Umsätzen. Sie visualisieren diese Größen durch ein Diagramm. In Ihrem Vortrag können Sie dieses Diagramm erläutern und dazu einige Hintergrundinformationen liefern. Die Teilnehmer haben dann in ihrem Hand-out neben der Abbildung der Grafik auch eine Tabelle, die die genauen Zahlen beinhaltet. Sie können in dieses Hand-out noch ein weiteres komplexes Zahlenwerk einfügen, das Sie in dieser Ausführlichkeit in der Präsentation nicht darstellen könnten, weil kein Mensch eine derartige Menge von Zahlen auditiv oder visuell erfassen könnte.

Ein derartiges Präsentationsverhalten ist geeignet, die vielfältigen Bedürfnisse des Publikums zu befriedigen und einen optimalen Erfolg herbeizuführen. Der lebendige verbale Vortrag wird ergänzt und kontrastiert durch visuelle Darstellungen. Mit dem Fern-Medium Projektion geben Sie eine allgemeine Orientierung und einen Überblick. Das Hand-out als Nahmedium stellt detaillierte Informationen zur

Verfügung, über die jeder Teilnehmer während oder nach der Präsentation mit selbst gesteuerter Aufmerksamkeit verfügen kann.

Die Gestaltung von Hand-outs macht keine große Mühe. In PowerPoint können Sie über Ansicht / Master / Handzettelmaster Ihr Hand-out gestalten. Sie können wählen, wie viele Folien Sie pro Seite abbilden wollen. Bei Harvard Graphics geschieht diese Gestaltung über Layout / Handout bearbeiten.

Viel Erfolg!

Teil 15
Check-up und Korrektur der Visualisierungen

Egal ob Sie sich für Ihren Vortrag Ihre Präsentationsmedien selbst erstellen oder ob Sie einer anderen Person den Auftrag geben, diese für Sie zu erstellen, in beiden Fällen sollten Sie folgende Reihenfolge des Vorgehens einhalten:

1. Am Anfang sollte immer eine detaillierte Zielgruppen- und Zielanalyse stehen! Auch wenn Sie nicht selbst präsentieren, sondern von einer anderen Person den Auftrag zur Erstellung von Präsentations-Materialien erhalten haben, fragen Sie nach der genauen Zielsetzung und der Zielgruppe der Veranstaltung. Nur wenn Ihnen beides, Zielsetzung und Zielgruppe, ausreichend deutlich vor Augen steht, ist es möglich, gute und richtige Visualisierungen für die Präsentation zu erstellen.
2. Am Anfang der Erstellung Ihrer Präsentations-Materialien müssen Sie eine Reihe von Entscheidungen treffen: Hoch- oder Querformat – welches Präsentationsmedium wird eingesetzt – welche Hintergrundfarbe wird gewählt – sollen auch Hand-outs erstellt werden?
3. Wenn Sie die visuellen Materialien für die Präsentation selbst erstellen, können Sie auch bei der Vorbereitung Ihres Vortrages mit der Gestaltung der visuellen Aussagen beginnen. Wenn Sie einen anderen damit beauftragen, müssen Sie zuerst eine inhaltliche Gliederung und einen allgemeinen inhaltlichen Entwurf des Vortrags erstellen.
4. Sollten Sie selbst am Computer arbeiten, brauchen Sie keine handschriftlichen Skizzen oder Vorentwürfe zu erstellen. Sie können Ihre begrifflichen Ideen, die Ihnen vorliegenden Zahlen oder sonstige gesammelte Fakten sofort in Visualisierungen umsetzen. Sollten Sie allerdings eine andere Person mit diesen Visualisierungen beauftra-

gen, dann müssen Sie Skizzen zu den einzelnen Inhalten der Präsentations-Unterlagen anfertigen. Sie sollten dann allerdings keine Balken-, Säulen- oder Kreisgrafiken zeichnen, sondern lediglich Datentabellen beifügen. Machen Sie in den Text Anmerkungen der folgenden Art: »Hier Titelfolie fertigen«, »Gliederung erstellen«, »Listengrafik gestalten«, »von diesen Zahlen eine Grafik anfertigen« usw.

5. Unterscheiden Sie zwischen »Grobgestaltung« und »Feingestaltung« der Visualisierungen. In der Grobgestaltung müssen Sie entscheiden, welche Bilder Sie zeigen wollen und welche verbalen Aussagen Sie in Schrift umsetzen werden. Zu der Grobgestaltung gehört auch die Entscheidung, wie viele Visualisierungen Ihre Präsentation enthalten soll.

6. Wenn die Grobgestaltung abgeschlossen ist, geht es an die Feingestaltung. Hier überprüfen und korrigieren Sie folgende Aspekte: Sind alle Darstellungen mühelos lesbar? Entsprechen die Darstellungen den Zielsetzungen? Können und müssen die Darstellungen reduziert werden? Sind die einzelnen Diagrammtypen für die jeweilige Aussage adäquat? Sind die Visualisierungen noch mit weiteren anregenden Zusätzen zu versehen?

7. Bei der Endkorrektur werden dann Schreibfehler korrigiert, Strichstärken, Farbkontraste und die Position der Elemente geprüft. Schließlich überprüfen Sie noch einmal alle Folien, ob Farb- und Gestaltungselemente ein einheitliches Aussehen der Präsentation gewährleisten.

Sicherlich können Sie nicht immer die hier angegebene Reihenfolge einhalten. Es ist auch möglich, dass Sie sich bei der Feingestaltung befinden und noch einmal in die Grobgestaltung oder gar in die Neuformulierungen der Ziele zurückspringen müssen. Ein solcher Rücksprung hat dann zur Folge, dass die einzelnen Herstellungsschritte wiederholt werden. Sie sollten allerdings niemals Schritte überspringen! Eine Endkorrektur erfolgt immer erst nach der Feingestaltung!

Wenn Sie nach der Endkorrektur noch einmal inhaltliche Korrekturen vornehmen, schleichen sich wieder Fehler ein.

Die hier dargestellte Reihenfolge des Vorgehens beim Gestalten visueller Materialien soll Ihnen eine Orientierung liefern. Zu Ihrer Hilfe sind alle Prüfpunkte noch einmal in der Checkliste Nr. 1 zusammengestellt.

Während der Gestaltung Ihrer visuellen Aussagen können Sie diese Checkliste mehrmals durchgehen. Wenn Sie alle Aussagen mit »ja« beantworten können, dann haben Sie die Gestaltung der visuellen Unterlagen abgeschlossen.

Eine zweite Checkliste hilft Ihnen, Ihre visuellen Materialien zu beurteilen. Zum Teil kommen in beiden Checklisten ähnliche oder gleiche Aspekte vor. Die Checkliste Nr. 1 können Sie dazu benutzen, den Vorgang der Gestaltung, den Sie selbst oder andere vollziehen, zu kontrollieren.

Die Checkliste Nr. 2 dient dazu, visuelle Unterlagen, also Folien, Dias oder dergleichen einzuschätzen. Sie haben für jedes Statement der Checkliste eine Beurteilungsskala von 1 bis 7 zur Verfügung. Es geht hier nicht um das pauschale »Ja« oder »Nein«, sondern um eine differenzierte Einschätzung von »mehr oder minder gut«, »stärker oder schwächer zutreffend« usw.

Sie können die Checkliste Nr. 2 zur eignen Beurteilung der von Ihnen selbst erstellten visuellen Materialien anwenden. Sie können aber auch andere Personen bitten, eine einzelne Grafik oder die gesamte Präsentation nach diesem Muster einzuschätzen. Wenn Sie die Meinungen mehrerer Personen einholen, können diese voneinander abweichend sein, denn es geht hier vielfach um recht subjektive Ansicht. Wenn Sie die Durchschnittsmeinung mehrerer Personen ermitteln, haben Sie einen recht guten Beurteilungsmaßstab. Ihr Publikum besteht ebenfalls aus einer Gruppe von einzelnen Subjekten, die unterschiedliche Ansichten und Meinungen haben.

Check-up Nr. 1

☒ J = ja, E = noch zu erledigen, N = nein

	J	E	N
1. Die Zielsetzung und die Zielgruppe für die Präsentation stehen mir klar vor Augen	☐	☐	☐
2. Ich weiß, welches Präsentationsmedium vorgesehen ist	☐	☐	☐
3. Es ist entschieden, ob in Schwarz-Weiß oder farbig präsentiert wird	☐	☐	☐
4. Die Formate (hoch oder quer) und die Seitenverhältnisse (Länge und Breite) sind festgelegt	☐	☐	☐
5. Die Hintergrundfarben und ein einheitliches Erscheinungsbild für die Präsentations-Grafiken sind festgelegt	☐	☐	☐
6. Die Grobgestaltung der Visualisierung (Umsetzung von Zahlen in Grafiken, Bilder und verbale Aussagen) ist abgeschlossen	☐	☐	☐
7. Der erste Entwurf hat alle bisherigen Entscheidungen berücksichtigt	☐	☐	☐
8. Ich prüfe (wenn möglich: mit Medium), ob alle Darstellungen mühelos lesbar und leicht zu erfassen sind	☐	☐	☐
9. Ich kontrolliere: Alle Darstellungen entsprechen in Form und Inhalt den Zielsetzungen (siehe Punkt 1)	☐	☐	☐
10. Die Visualisierungen können und müssen reduziert werden (Wiederholungen, Selbstverständlichkeiten usw.)	☐	☐	☐
11. Komplexe Inhalte sind auf mehrere Darstellungen aufzuteilen und über visuelle Elementen zu verbinden	☐	☐	☐
12. Ich überprüfe, ob die Diagrammtypen für die jeweiligen Aussagen adäquat sind (Diagrammtypen variieren!)	☐	☐	☐
13. Ich versehe (einige) der visuellen Darstellungen mit Cartoons, Bildern und anregenden Zusätzen	☐	☐	☐
14. Endkontrolle: Ich korrigiere Schreibfehler, Strichstärken, Farbkontraste, die Position der Elemente usw.	☐	☐	☐
15. Ich prüfe die Qualität der Herstellung	☐	☐	☐

Check-up Nr. 2

Die Beurteilung visueller Aussagen

1. Die visuelle Aussage (der Präsentation) ist ...
   eindeutig | 1 | 2 | 3 | 4 | 5 | 6 | 7 | nicht eindeutig
2. Die inhaltliche Aussage ist durch die Visualisierung ...
   richtig dargestellt | 1 | 2 | 3 | 4 | 5 | 6 | 7 | verfälscht dargestellt
3. Das Visualisierungsziel »Motivation« wird ...
   erreicht | 1 | 2 | 3 | 4 | 5 | 6 | 7 | nicht erreicht
4. Das Visualisierungsziel »Wahrnehmen und Behalten erleichtern« wird...
   erreicht | 1 | 2 | 3 | 4 | 5 | 6 | 7 | nicht erreicht
5. Das Visualisierungsziel »Verständnis ermöglichen oder erleichtern« wird
   erreicht | 1 | 2 | 3 | 4 | 5 | 6 | 7 | nicht erreicht
6. Das Visualisierungsziel »Informationen betonen« wird ...
   erreicht | 1 | 2 | 3 | 4 | 5 | 6 | 7 | nicht erreicht
7. Alle Schriften sind richtig gewählt und mühelos lesbar:
   ja | 1 | 2 | 3 | 4 | 5 | 6 | 7 | nein
8. Die Darstellung ist kontrastreich und in allen Details erkennbar:
   ja | 1 | 2 | 3 | 4 | 5 | 6 | 7 | nein
9. Die visuelle Darstellung enthält keine überflüssigen Elemente:
   ja | 1 | 2 | 3 | 4 | 5 | 6 | 7 | nein
10. Der gewählte Diagrammtyp ist der richtige für die inhaltliche Aussage:
    ja | 1 | 2 | 3 | 4 | 5 | 6 | 7 | nein
11. Bezüge, Erläuterungen, Erklärungen usw. sind ...
    leicht zu erfassen | 1 | 2 | 3 | 4 | 5 | 6 | 7 | schwer zu erfassen
12. Abfolgen, Zeitrichtungen usw. entsprechen den üblichen Lesegewohnheiten:
    ja | 1 | 2 | 3 | 4 | 5 | 6 | 7 | nein
13. Das Prinzip »ein Thema für eine Darstellung« ist ...
    eingehalten | 1 | 2 | 3 | 4 | 5 | 6 | 7 | nicht eingehalten
14. Das Erscheinungsbild der einzelnen Darstellungen (innerhalb der Präsentation) ist ...
    einheitlich | 1 | 2 | 3 | 4 | 5 | 6 | 7 | uneinheitlich
15. Die einzelnen Darstellungen haben gleiche Dimensionen, Maßstäbe usw.:
    ja | 1 | 2 | 3 | 4 | 5 | 6 | 7 | nein
16. Die Visualisierung erweckt keine sachfremden und unangemessenen Assoziationen:
    ja | 1 | 2 | 3 | 4 | 5 | 6 | 7 | nein

Literaturhinweise

Die Literatur zum Thema Präsentation ist in den letzten zehn Jahren enorm angewachsen. Hier finden Sie eine kleine Auswahl, die sicherlich subjektiv ist. Wenn Sie Literatur zu einer speziellen Thematik im Umkreis von Präsentation, Visualisierung oder Medieneinsatz benötigen, dann geben Sie die entsprechenden Stichworte in die Suchsysteme der Internet-Buchhandlungen ein.

BOUNDFORD, Trevor: Diagramme und Tabellen. Graphische Schaubilder. München 1994

BOUNDFORD, Trevor: Digitale Diagramme. Info-Grafiken professionell gestalten. München 2001

BRAUN, Gerhard: Grundlagen der visuellen Kommunikation. München 1993

BÜHS, Roland: Tafelzeichnen kann man lernen. Hamburg 1993

GRESSMANN, Markus: Präsentation mit elektronischen Medien. Bonn 1999

HELLER, Eva: Wie Farben wirken. Farbpsychologie. Farbsymbolik. Kreative Farbgestaltung. Hamburg 1989

HIERHOLD, Emil: Sicher präsentieren – wirksam vortragen. Bewährte Tipps und Strategien zur Überzeugung von Gruppen. Wien, Frankfurt 1998

ITTEN, Johannes: Kunst der Farbe. Subjektives Erleben und objektives Erkennen als Wege zur Kunst. Studienausgabe. Ravensburg 1970

KRÄMER, Walter: So lügt man mit Statistik. Frankfurt 1997

PARKER, Roger C.: Looking good in Print. Grundlagen der Gestaltung für Desktop Publishing. St. Gallen 1992

SCHELER, Uwe: Erfolgsfaktor Networking. München 2003

SCHELER, Uwe: Gekonnt präsentieren. Offenbach 2000

SCHILDT, Torsten: 1000 Tipps und Tricks für Overhead- und Beamerpräsentation. Weinheim 2003

SEIFERT, Josef W.: Visualisieren. Präsentieren. Moderieren. Offenbach 2000

SIEMONEIT, Manfred: Multimedia. Präsentationen planen, gestalten, durchführen. Bonn, München, Paris 1995

SULLIVAN, Peter: Informationsgrafiken in Farbe. Darmstadt 1994

TALMAN, Michael: Besser präsentieren mit dem PC. Der Leitfaden zur Erstellung professioneller Präsentationen. Für alle Präsentations-Programme. Düsseldorf 1992

ZELASNY, Gene: Das Präsentationsbuch. Frankfurt 2002

ZELASNY, Gene: Wie aus Zahlen Bilder werden. Wirtschaftdaten überzeugend präsentiert. Wiesbaden 1992

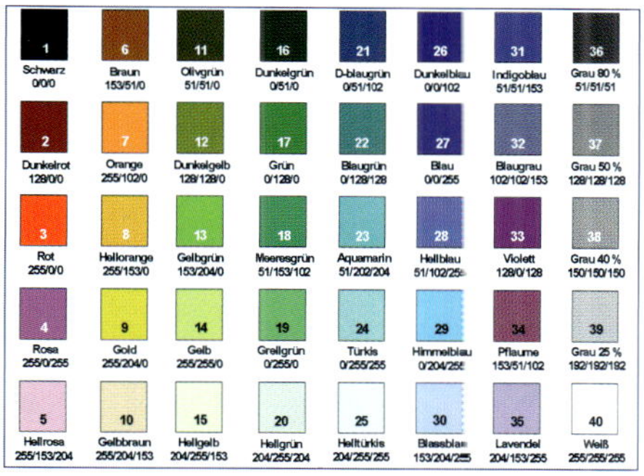

Abb. 110: *Die kleine Farbtabelle, nach der Sie in den Microsoft-Programmen Ihre Objekte einfärben können. Orientieren Sie sich bei der Zuweisung von Farben nicht nach den Namen, sondern nach den Farbwirkungen Ihres Ausgabegerätes.*

Abb. 111: *Die große Farbtabelle der Microsoft-Programme, die als Wabe dargestellt ist. Beurteilen Sie die Farben nicht nur nach dem Monitorbild, sondern erstellen Sie sich derartige Farbtabellen und drucken Sie sie aus.*

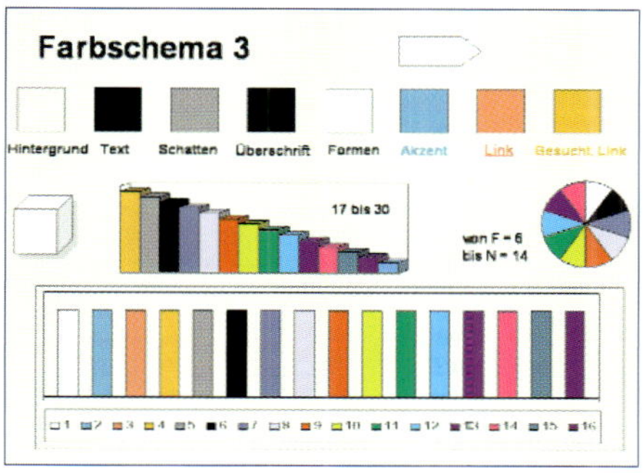

Abb. 112: *Hier sehen Sie eines der zwölf Farbschemata, die Sie in dem Programm PowerPoint finden. Ein Farbschema stellt eine Kombination von Farben dar, die bestimmen Elementen Ihrer Grafik und Ihrer Diagramme automatisch zugeordnet werden.*

Abb. 113: *Bei Titelfolien können Sie durchaus auch einmal eine etwas gewagtere Farbgestaltung des Hintergrundes erproben. Dafür bieten sich insbesondere so genannte »Farbverläufe« an. Beachten Sie jedoch hier die allgemeine emotionale Wirkung der Farbe.*

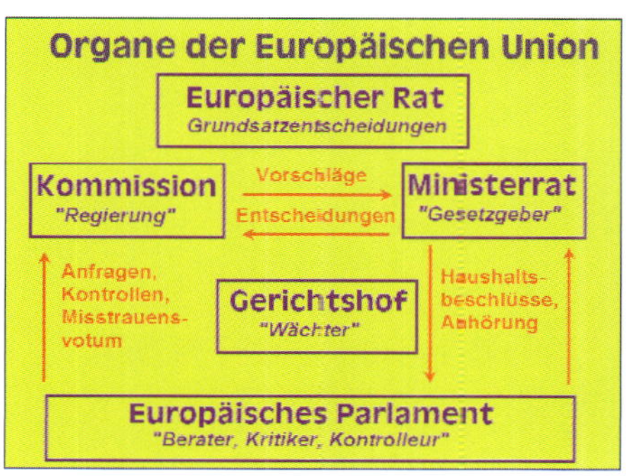

Abb. 114: *Je abwechslungsreicher und vielfältiger in den Farben und Formen Ihre Grafik ist, umso vorsichtiger sollte die Farbwahl für den Hintergrund erfolgen. In diesem Fall sollte der Hintergrund neutral sein.*

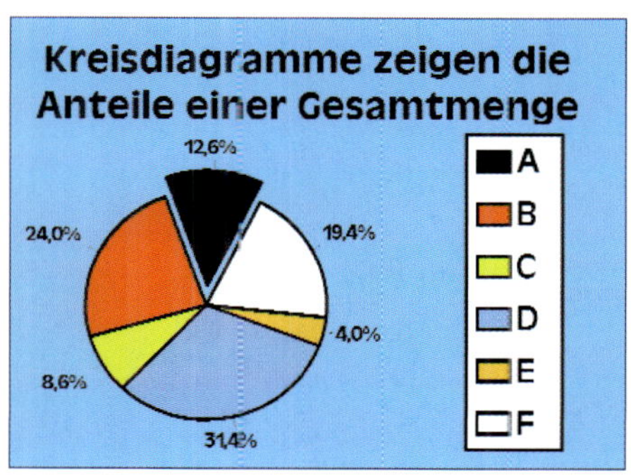

Abb. 115: *Die unterschiedlichen Farben der Kreissegmente erlauben eine leichte und eindeutige Zuordnung zu der Legende. Diese war in Abbildung 81 nicht so leicht möglich. Wählen Sie für solche Zuordnungsfunktionen immer stark kontrastierende Farben.*

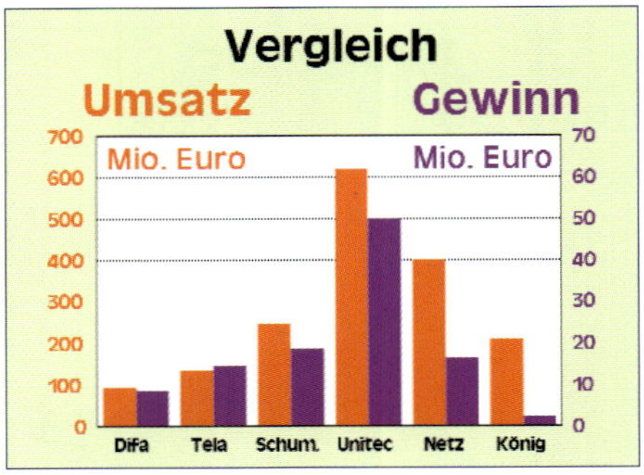

Abb. 116: Hier sind nicht nur die Säulen für Umsatz und Gewinn in unterschiedlichen Farben gehalten, sondern auch die Beschriftung und die Zahlen. Somit kann auch eine Legende (Rot = Umsatz, Blau = Gewinn) wegfallen.

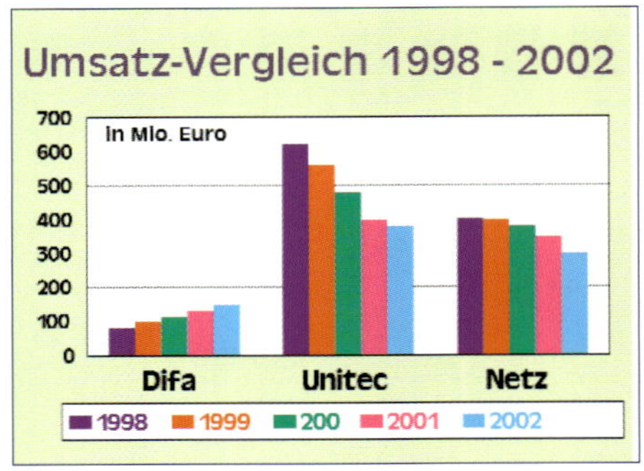

Abb. 117: Die Legende und die Säulen stehen in der gleichen Reihenfolge. Zur Erleichterung der Zuordnung sind auch die Zahlen in der gleichen Farbe wie die Säulen gehalten.

Abb. 118: Ein dreidimensionales Kuchendiagramm mit einem verlaufenden Hintergrund ruft einen anderen emotionalen Eindruck hervor, als die mehr sachliche eindimensionale Darstellung auf einem einfarbigen Hintergrund wie bei der Abbildung 115.

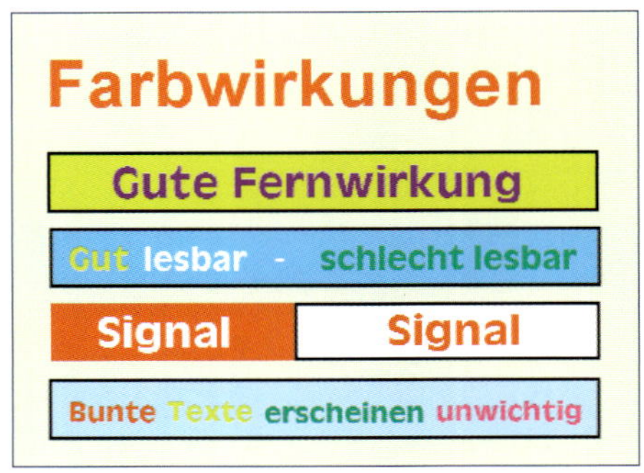

Abb. 119: Je größer der Farb- und Helligkeitskontrast ist, umso besser ist Ihre Grafik bei der Präsentation zu erkennen. Eine besonders gute Fernwirkung hat eine blaue Darstellung auf einem gelben Hintergrund.

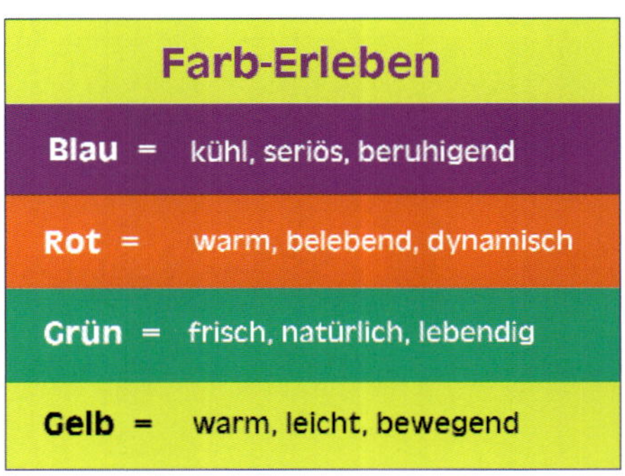

Abb. 120: Bei der Gestaltung von Präsentationsgrafiken spielt das emotionale Farberleben nur dann eine Rolle, wenn es um den Gesamtfarbeindruck der Darstellung geht. Der Gesamtfarbeindruck wird von Hintergrund und großen Farbflächen bestimmt.

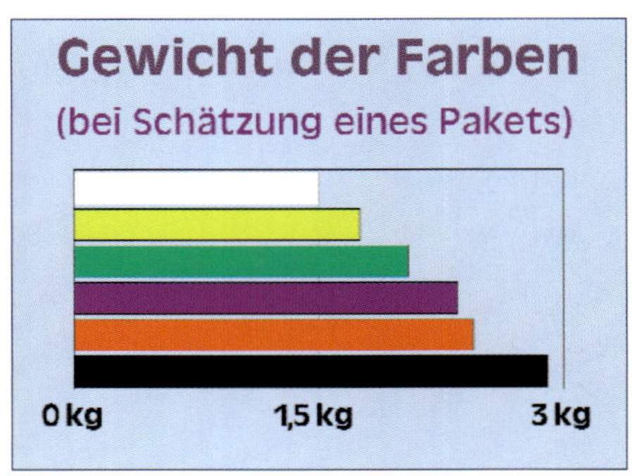

Abb. 121: Wenn man Personen das Gewicht von gleich großen und gleich schweren, aber farblich unterschiedlich verpackten Paketen schätzen lässt, so erhält man die hier dargestellten durchschnittlichen Schätzwerte.

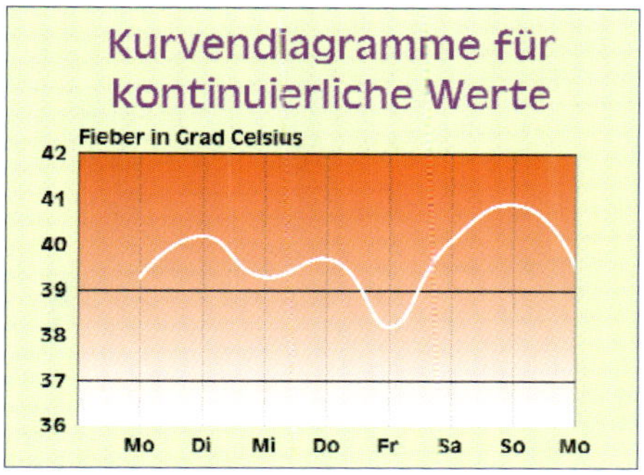

Abb. 122: *Keine Regel ohne Ausnahme! In diesem Fall ist der Hintergrund der Fieberkurve nicht gemäß der Schwere der Farben von unten nach oben aufgebaut, sondern nach der symbolischen Bedeutung: Je höher die Temperatur, desto dunkler das Rot.*

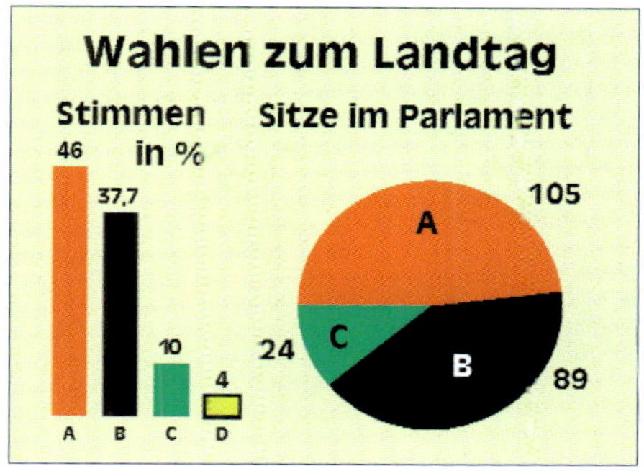

Abb. 123: *Bei der farblichen Charakterisierung von politischen Parteien sind Sie durch die konventionellen Bedeutungen festgelegt. Es ist eindeutig, wer mit Rot, Schwarz oder Grün gemeint ist.*

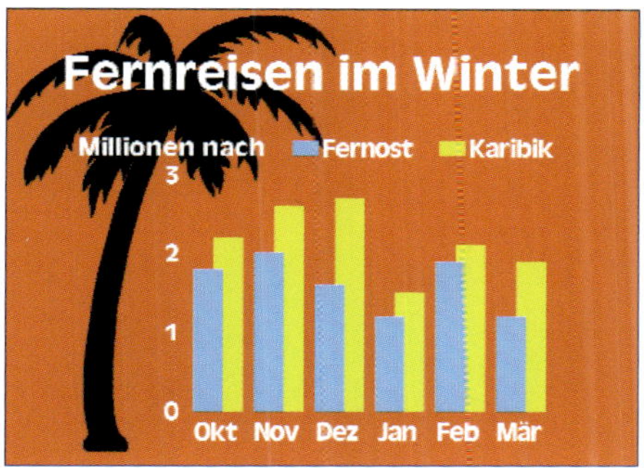

Abb. 124: *Ob Sie für Ihre Präsentationsgrafik einen hellen oder einen dunklen Hintergrund, eine klare oder eine gedämpfte Farbe verwenden, ist eher eine Sache des Geschmacks. Bei dieser Grafik wurde versucht, die Stimmung der Tropen farblich einzufangen.*

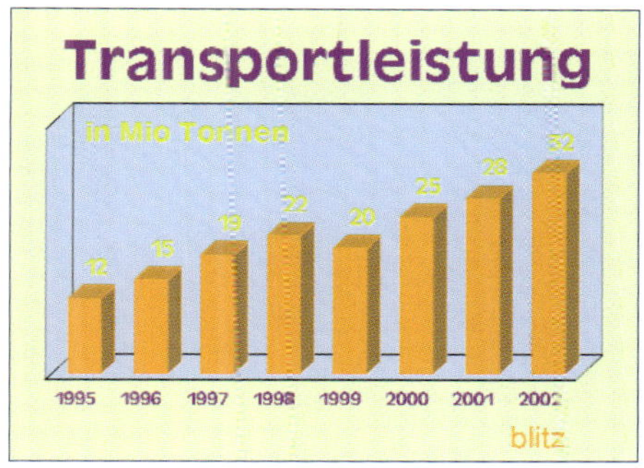

Abb. 125: *Eine dreidimensionale Darstellung einer Säulengrafik kann auch exakte Informationen beinhalten, wenn eine Beschriftung oberhalb der Säulen erfolgt.*

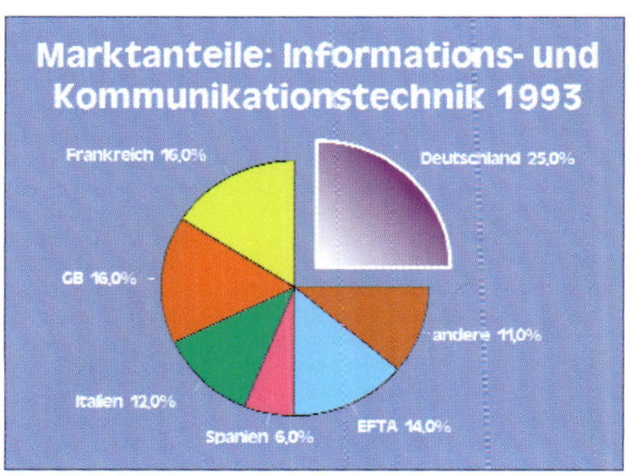

Abb. 126: *Dunkle Hintergründe schränken die Gestaltungsmöglichkeiten für die Darstellung ein. Ein Segment musste hier weiß umrandet werden, um es von dem Hintergrund abzuheben. Die räumliche Positionierung und die weiße Umrandung stellen also eine doppelte Hervorhebung dar.*

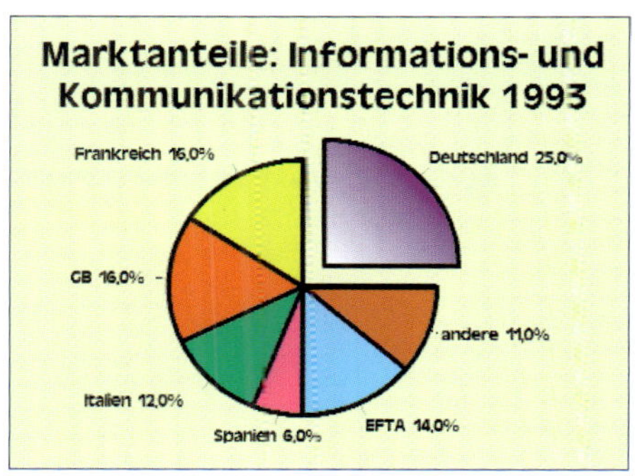

Abb. 127: *Eine Grafik in klarer farblicher Gestaltung, bei der nur ein kleiner optischer Effekt zur Anwendung kommt: der Farbverlauf in dem hervorgehobenen Segment.*

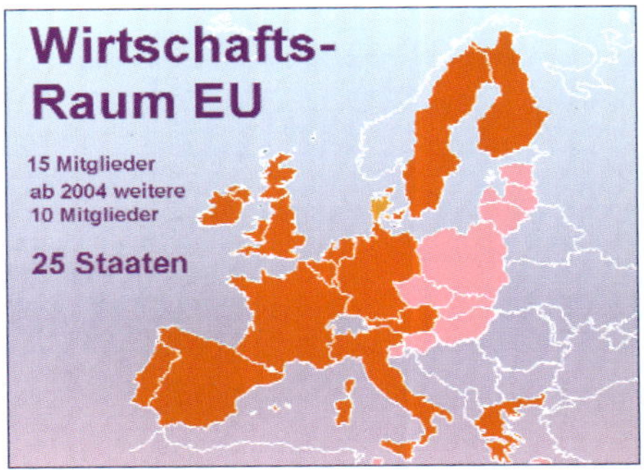

Abb. 128: *An dieser Geografik wird deutlich: Farben ermöglichen eine gute optische Abgrenzung einerseits und Zuordnung andererseits. Die Schriftzüge »15 Mitglieder« und »10 Mitglieder« hätten auch in den Farben der entsprechenden Mitgliedsstaaten gehalten werden können.*

Abb. 129: *In dieser Grafik sind unterschiedliche visuelle Darstellungsformen wie Karikatur, Konstruktionszeichnung, fotografische Abbildung usw. enthalten.*

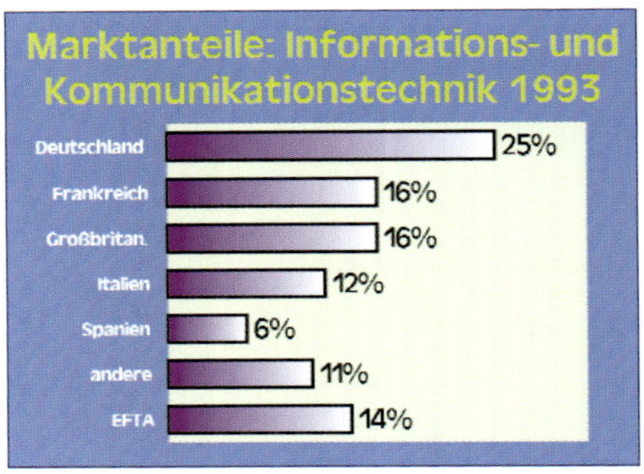

Abb. 130: *Dieser Darstellung liegen die gleichen Zahlen zugrunde wie den Abbildungen 126 und 127. Durch die Farbverläufe der Balken bekommt diese Darstellung eine gewisse Dynamik.*

Abb. 131: *Wenn Sie Bilder zu Motivationszwecken verwenden, versuchen Sie diese möglichst formatfüllend zu präsentieren. Während der Vortragende die einzelnen Punkte zum Telefonmarketing abhandelt, kann das Auge auf dem Bild verweilen.*

Abb. 132: *Wenn Sie Fotos in Ihre Präsentationsmaterialen einbinden, so lassen Sie diese ebenfalls großflächig zur Wirkung kommen. Hier ein Beispiel aus einem Seminar für Personalleiter: »Welche Informationen lassen sich aus einem Bewerbungsbild gewinnen?«*

Abb. 133: *Diese Grafik zeigt drei Gestaltungselemente, die keine Informationen enthalten, sondern »lediglich« motivierende Zusätze sind: 1. Die typischen chinesischen Farben Gelb, Blau und Rot, 2. die »chinesische« Schrift und 3. die Abbildung des Drachens.*